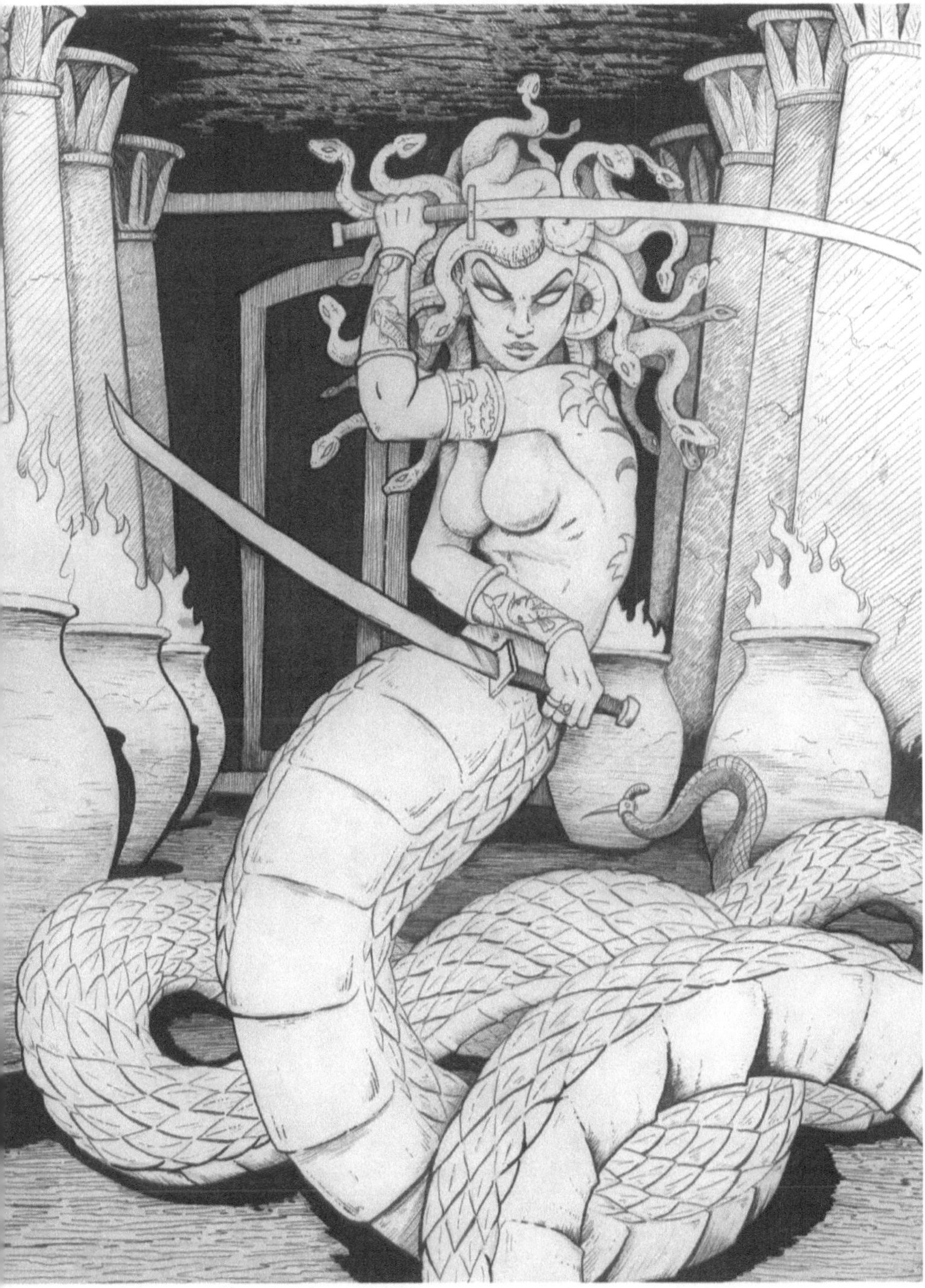

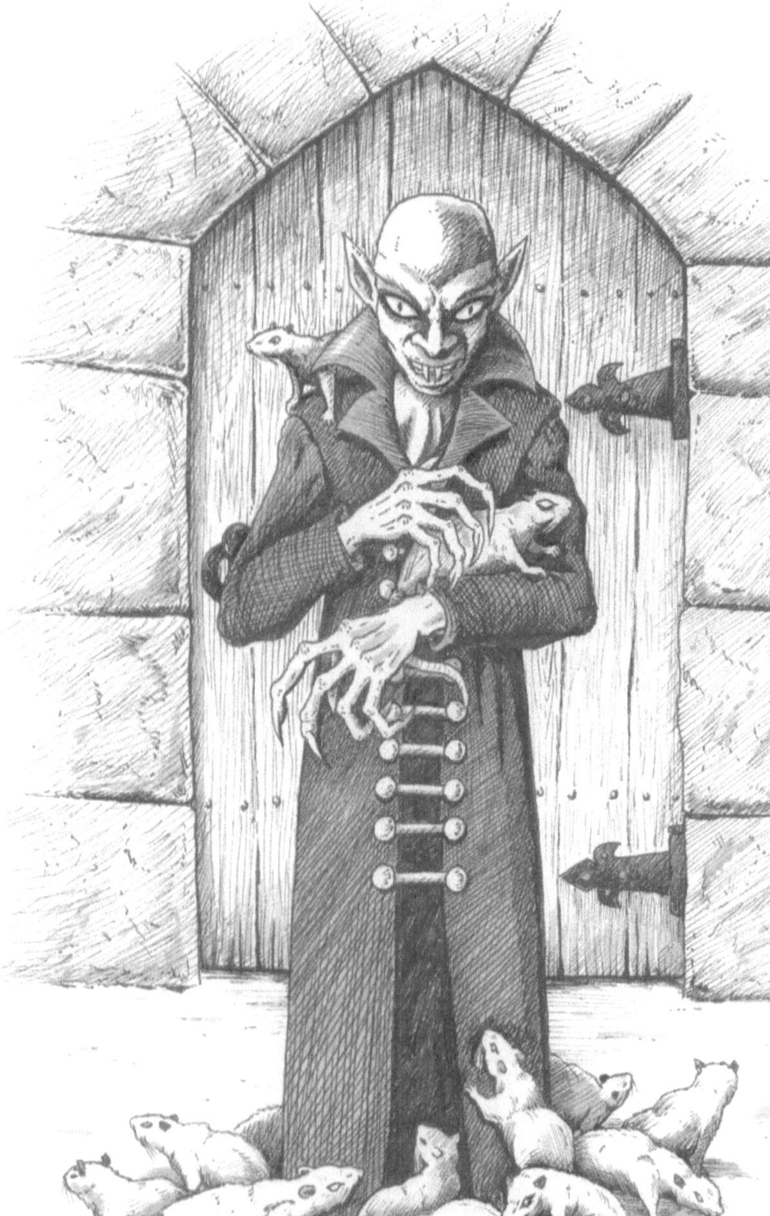

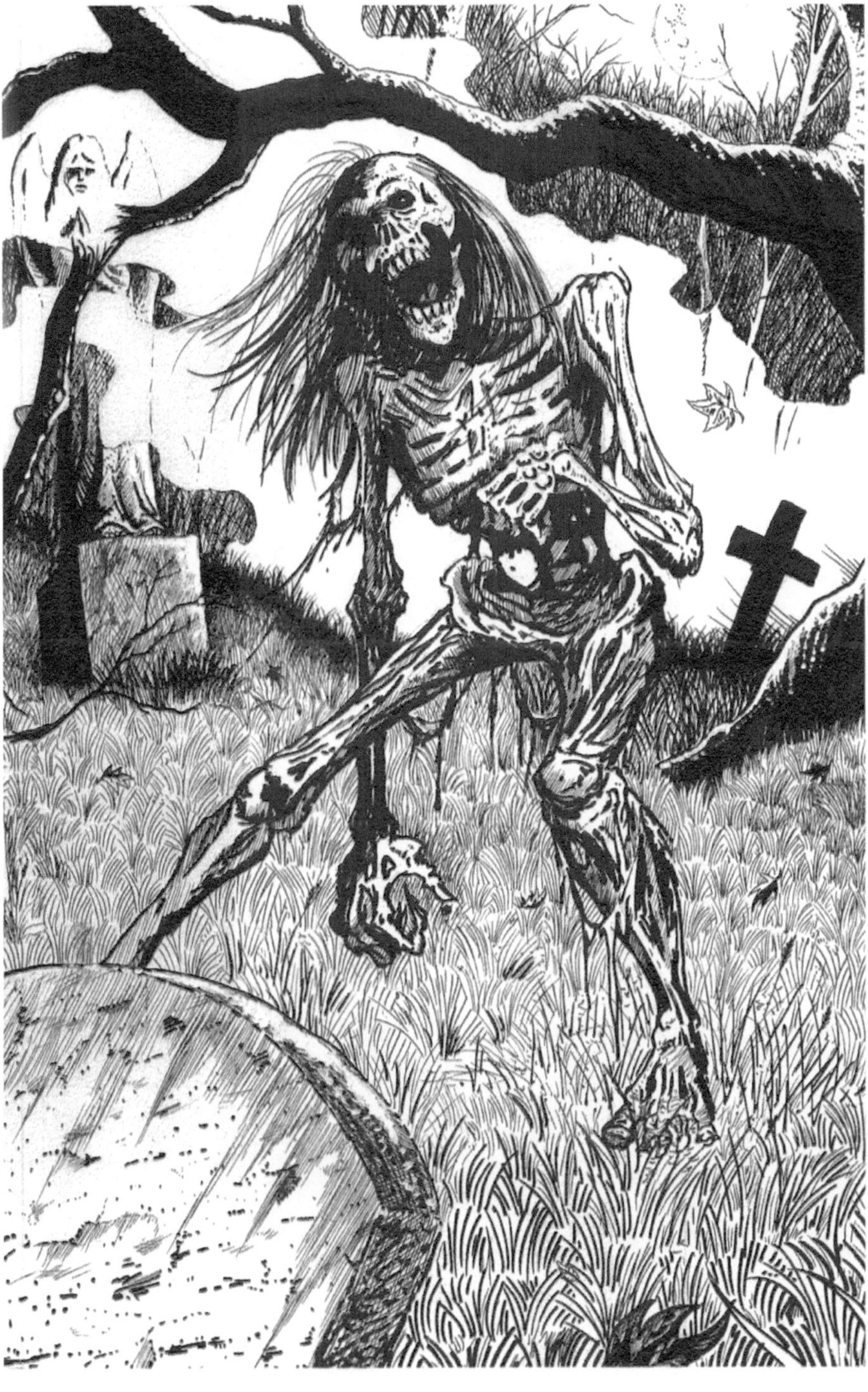

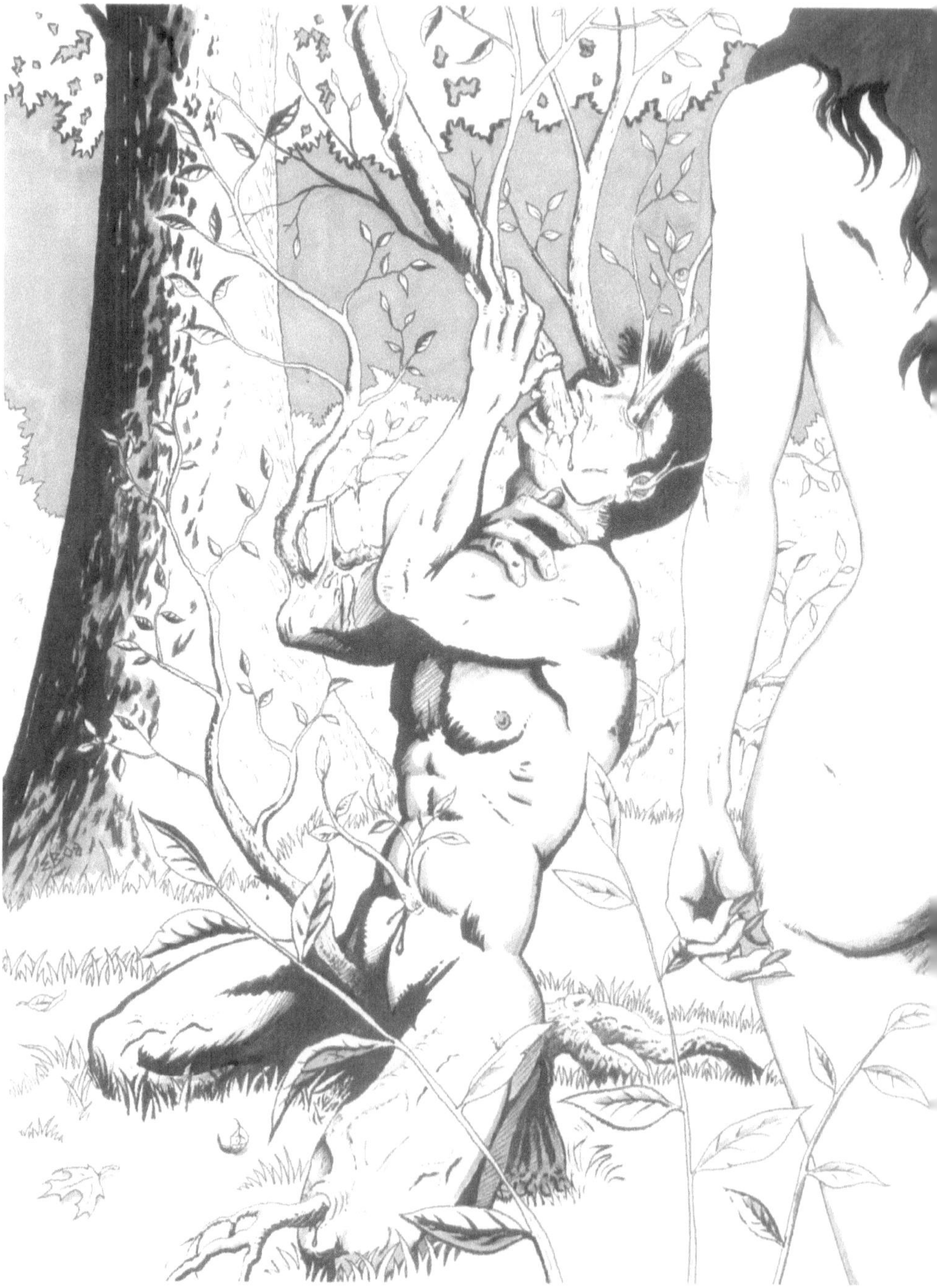

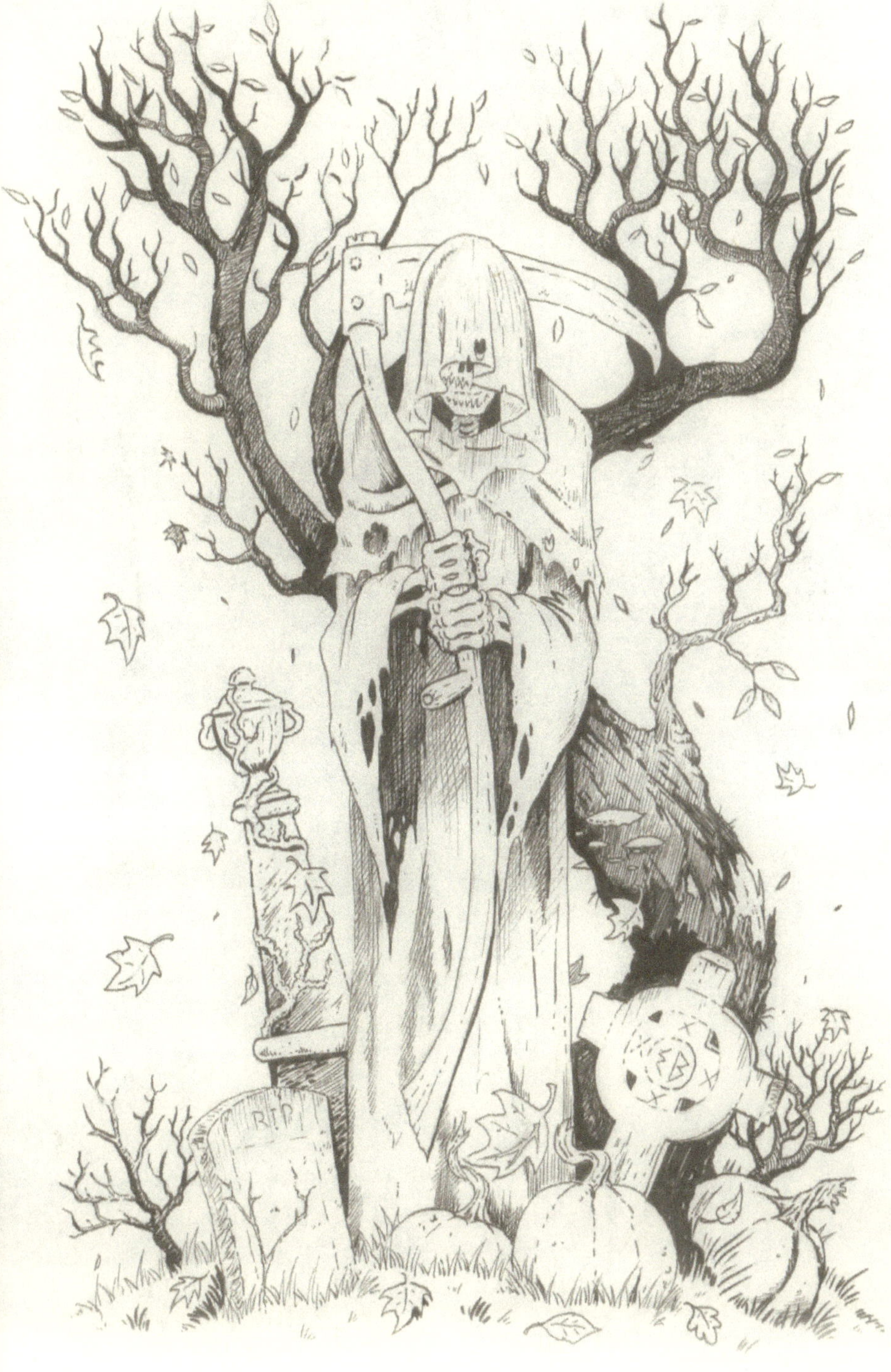
RIP
FB

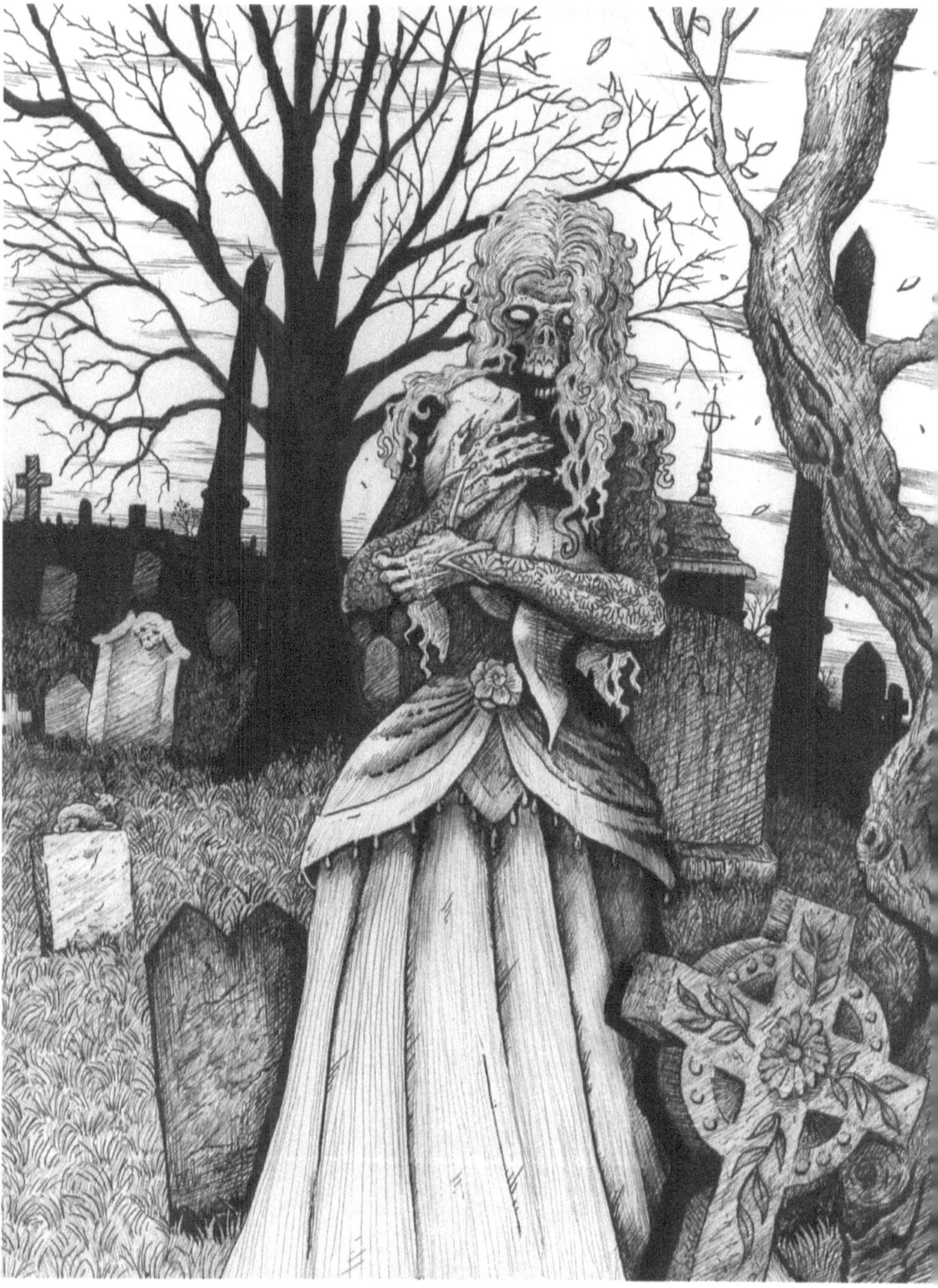

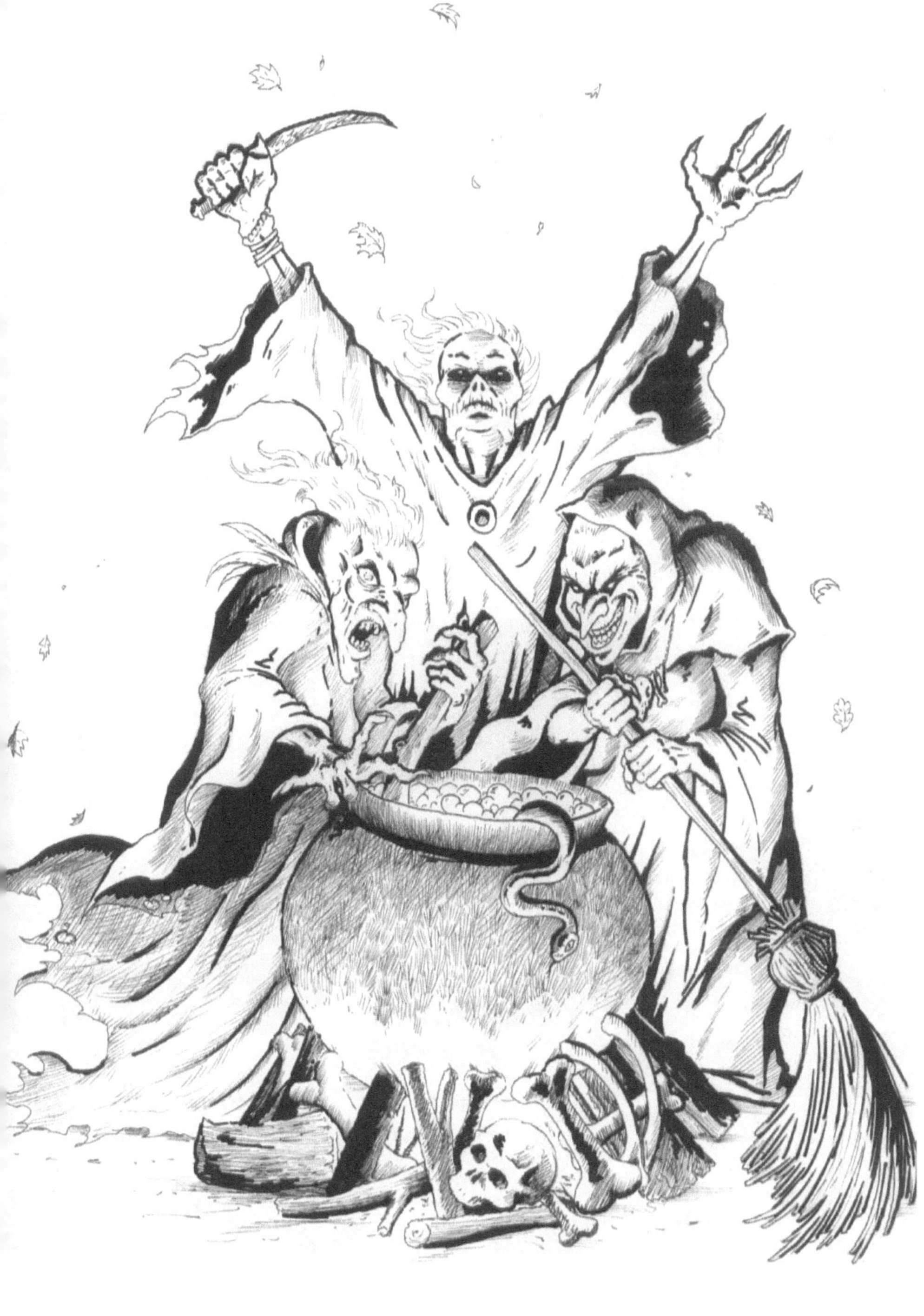

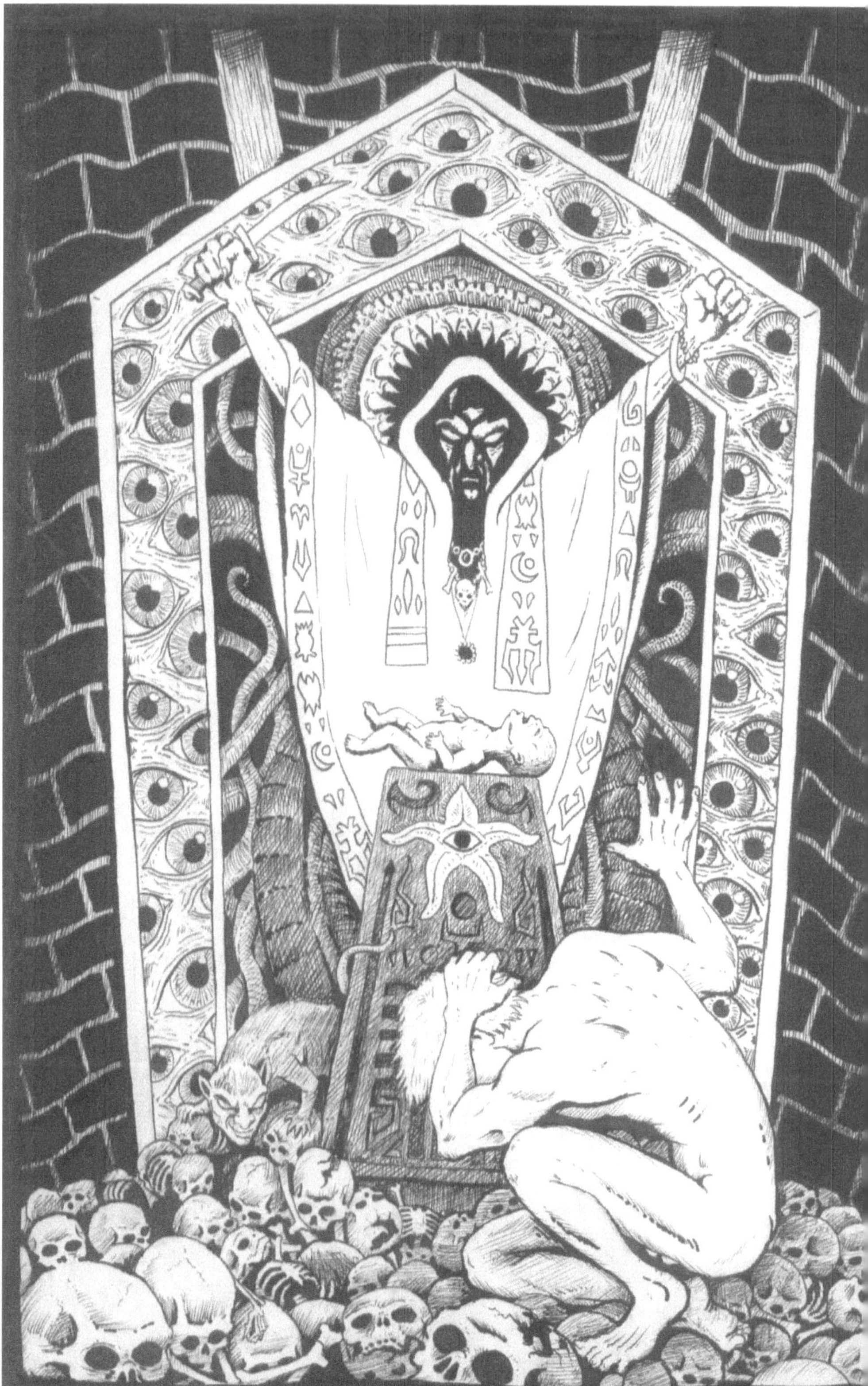

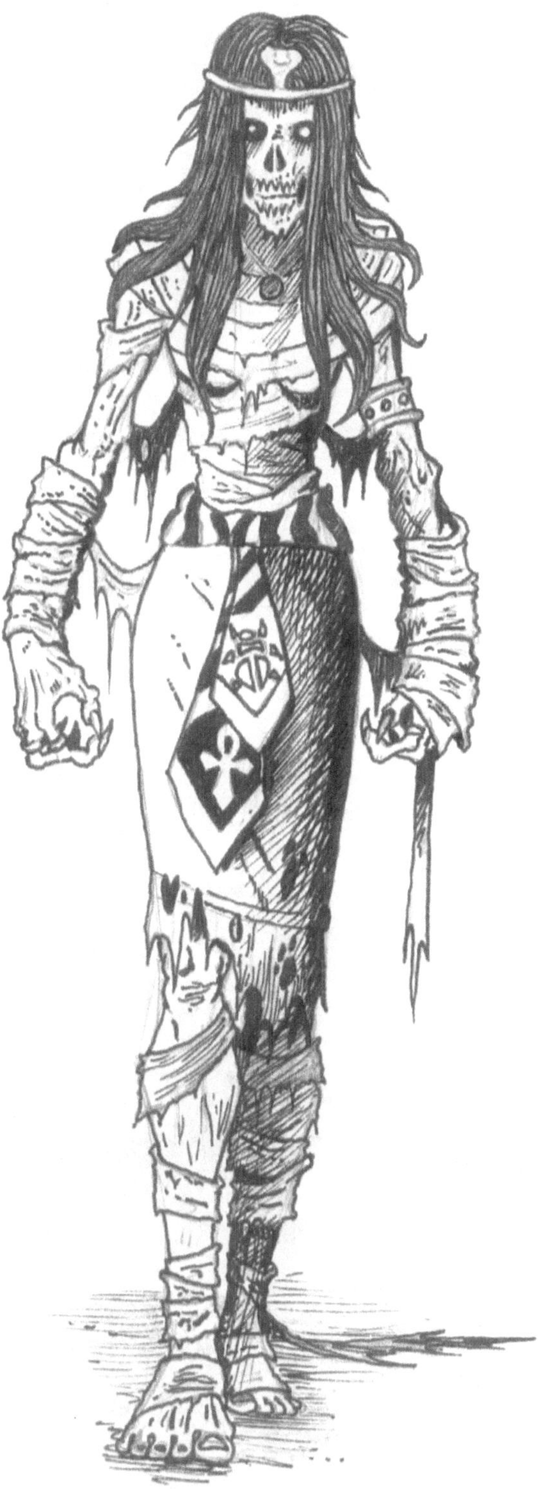

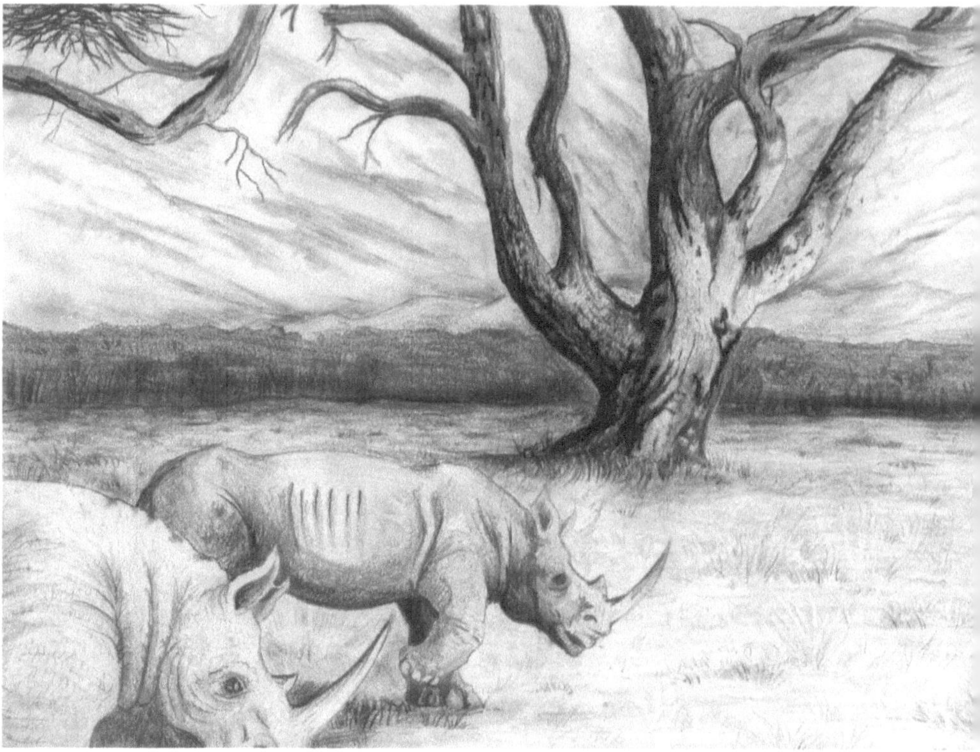

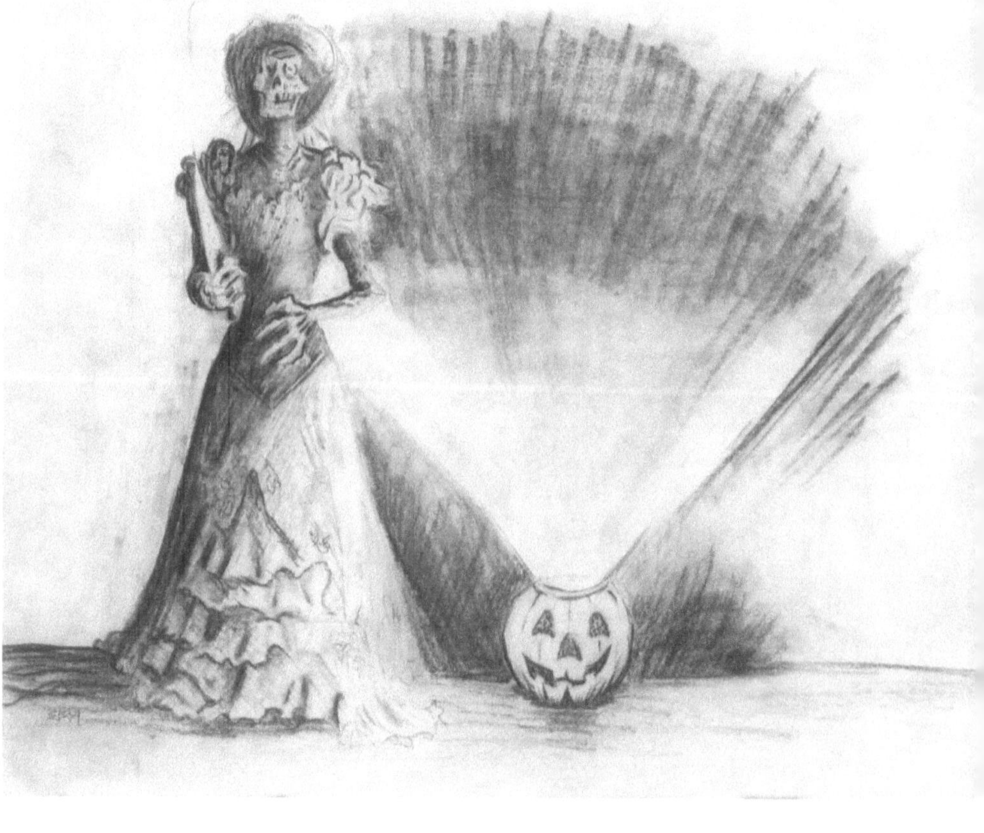

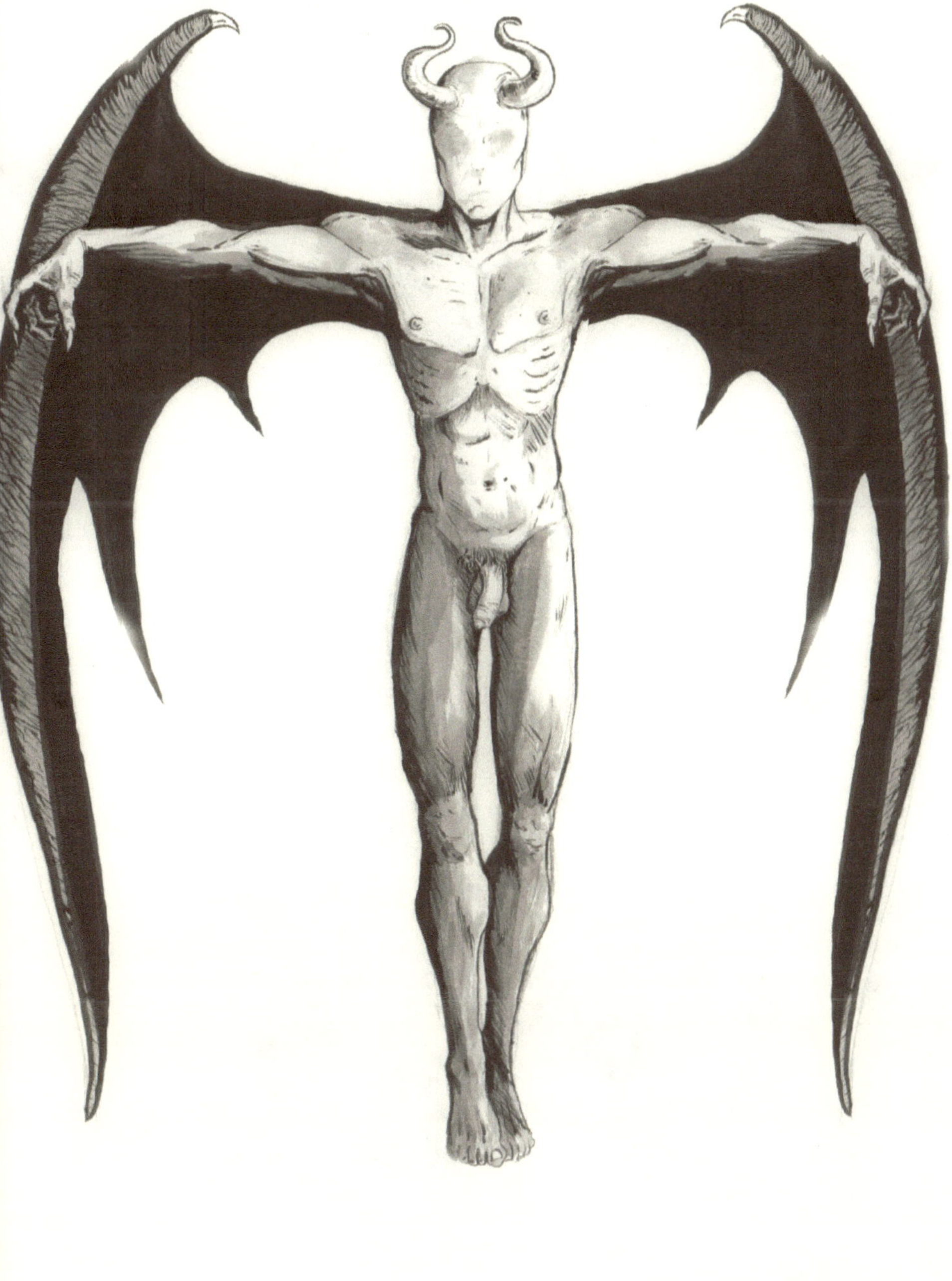

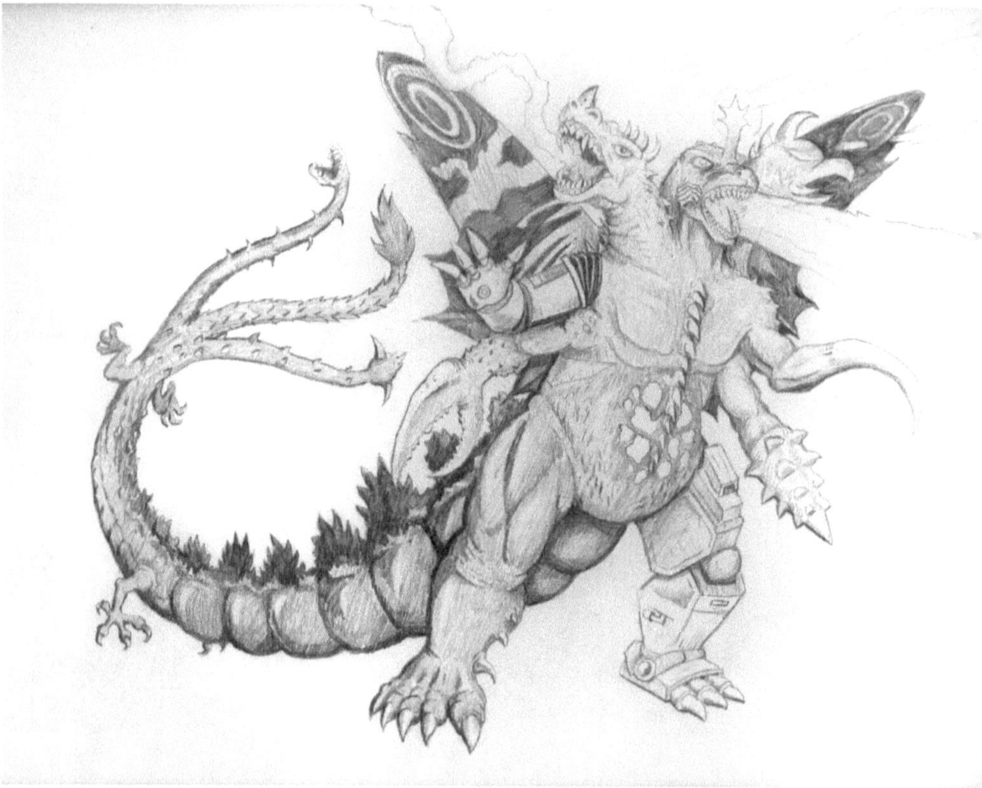

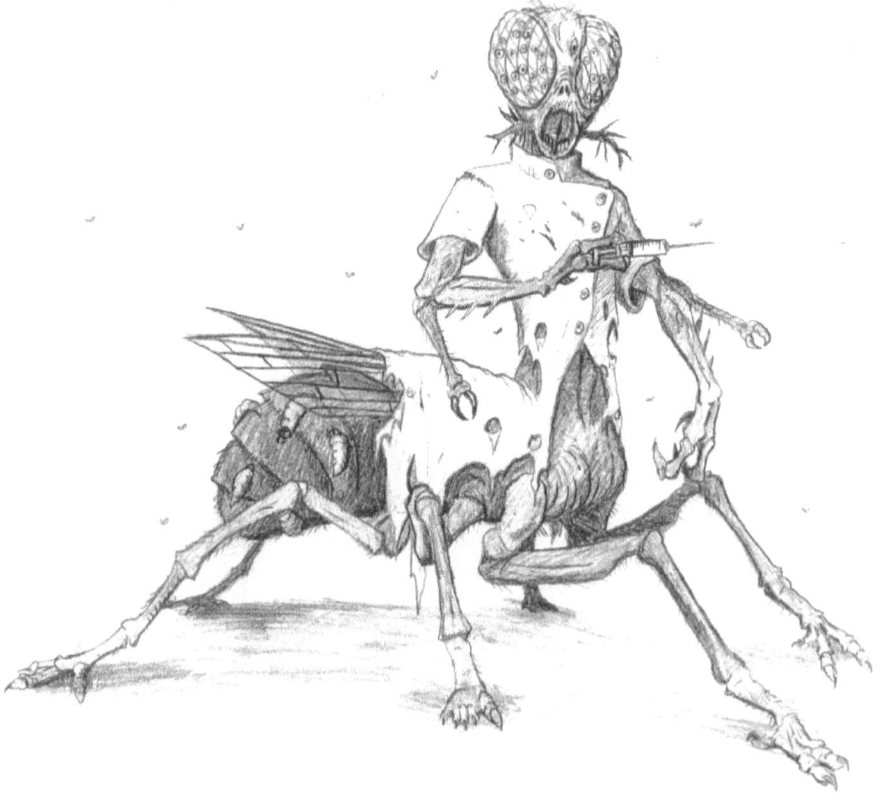

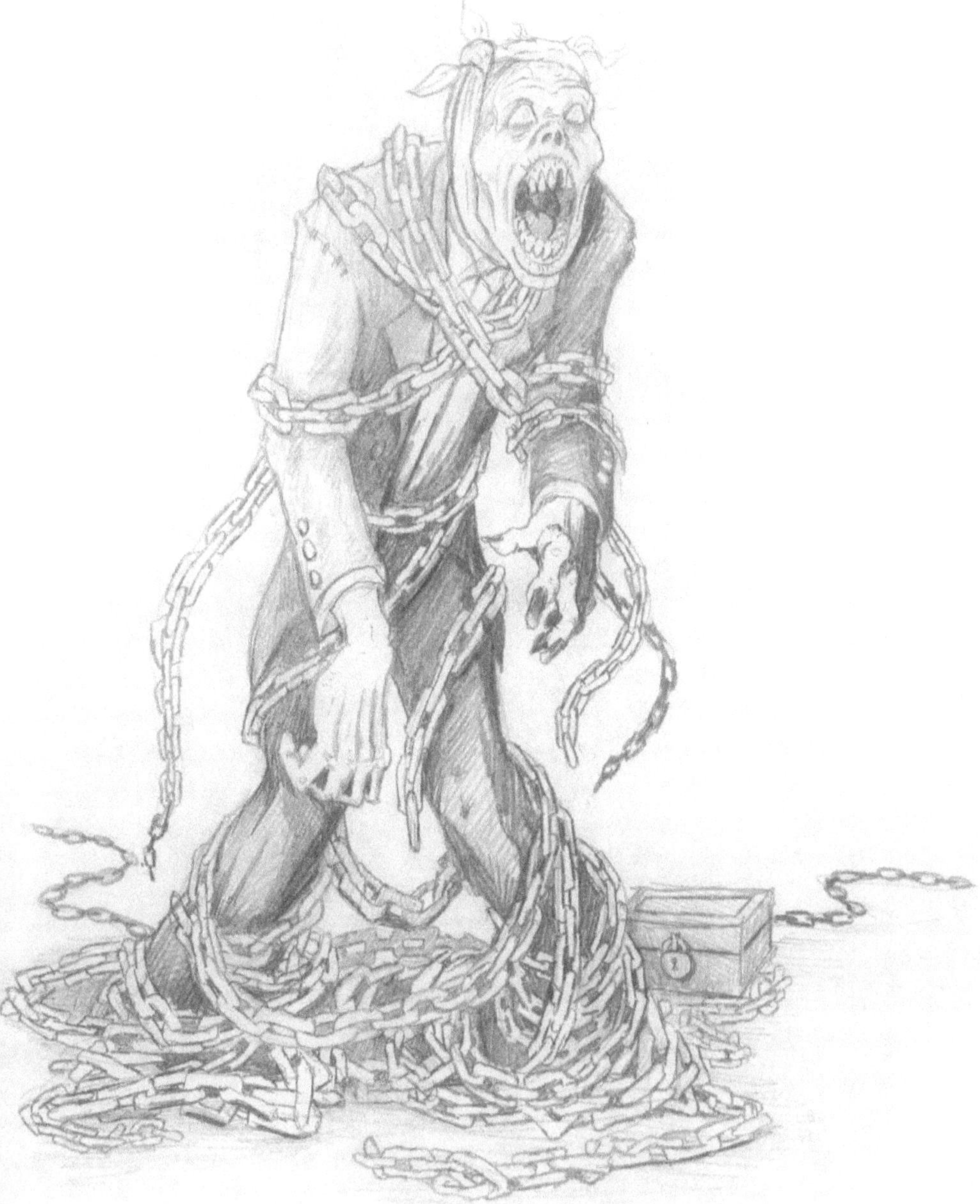

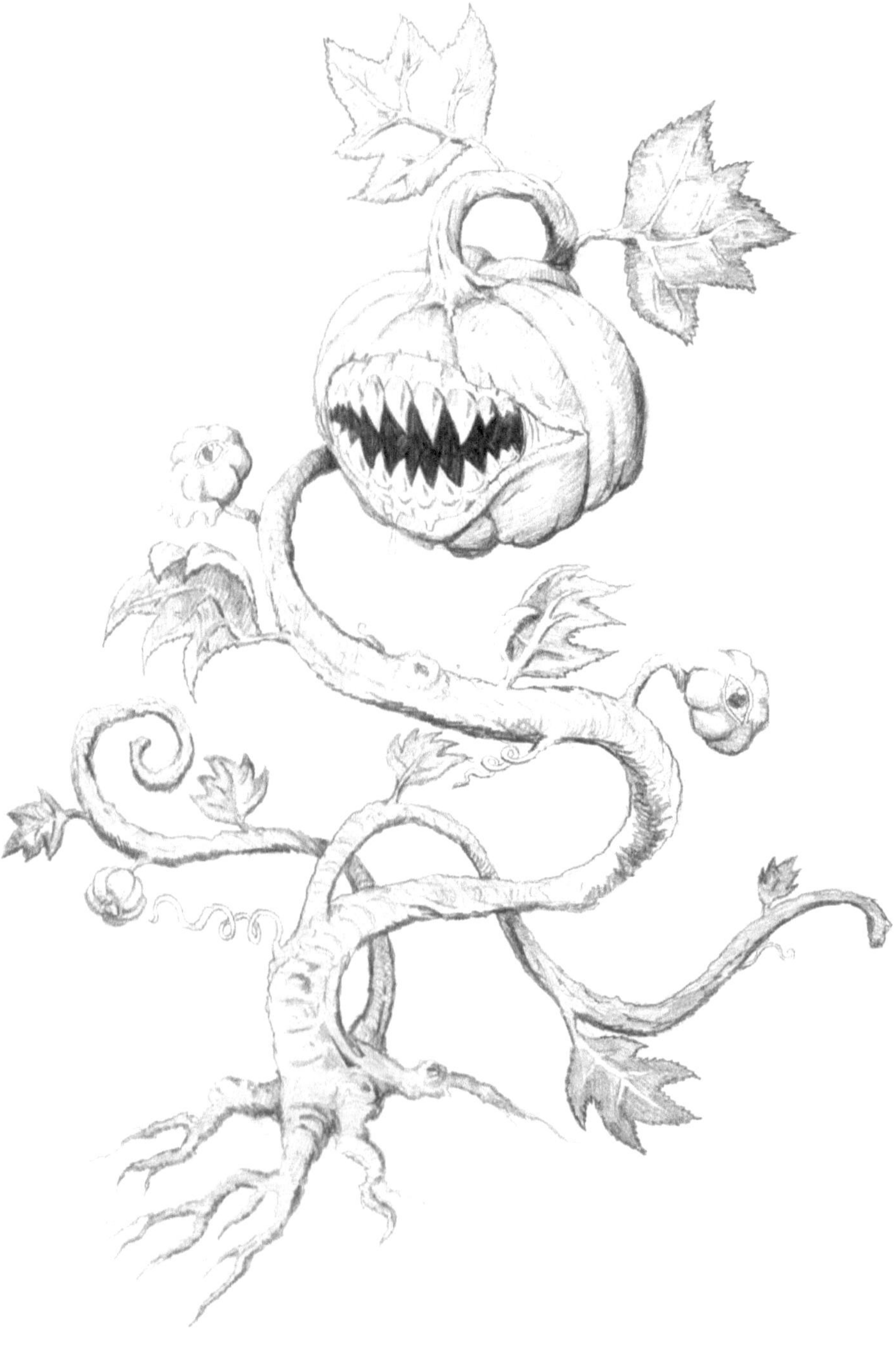

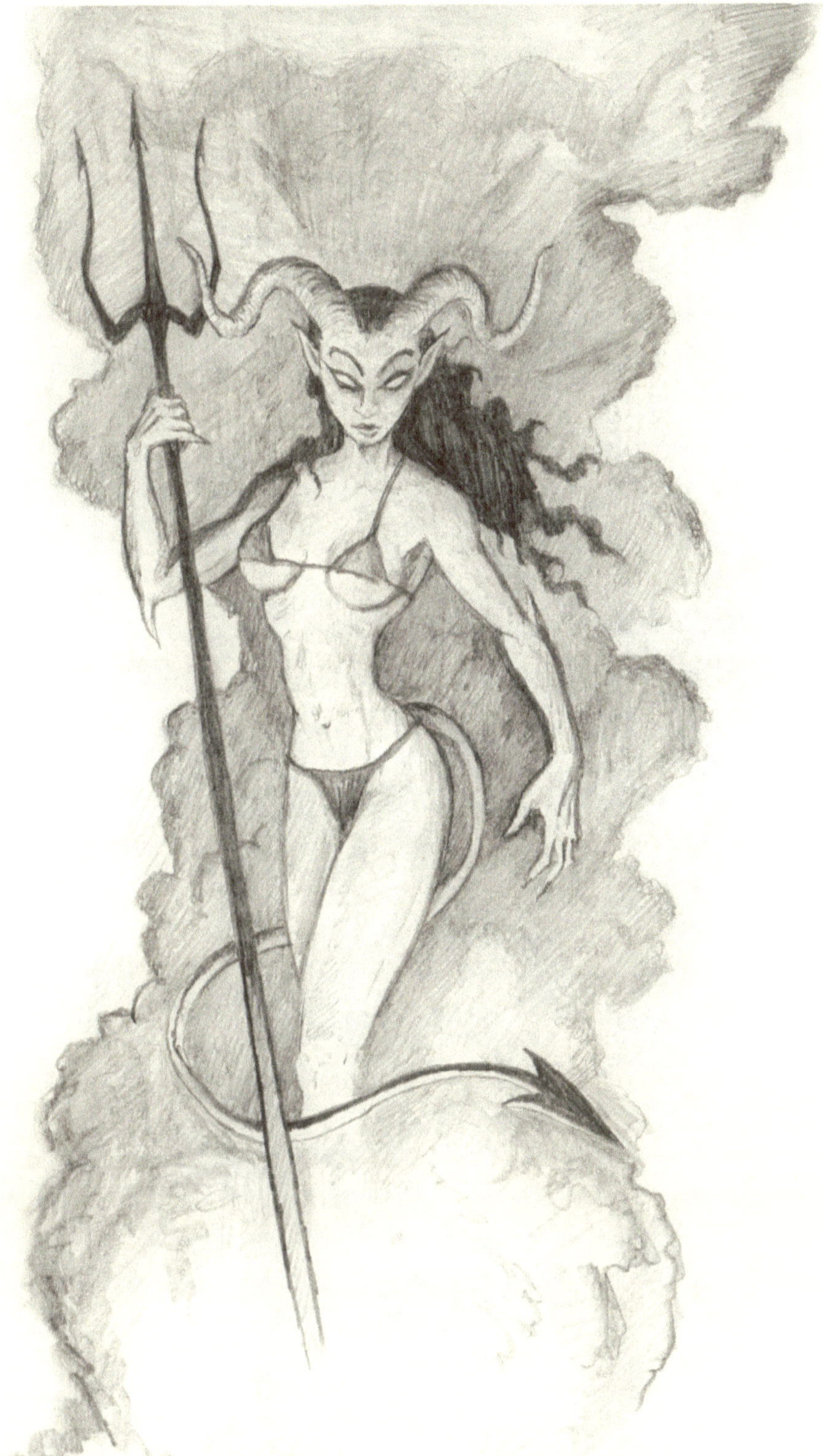

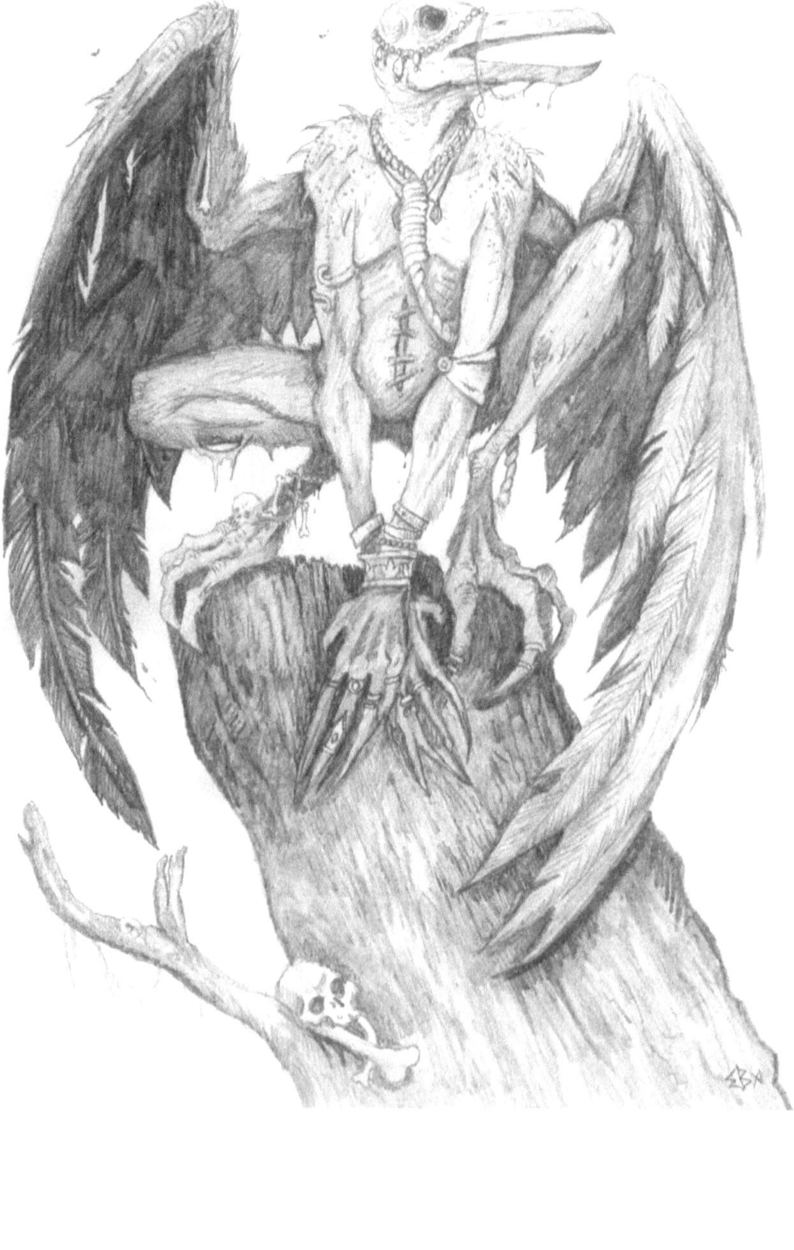

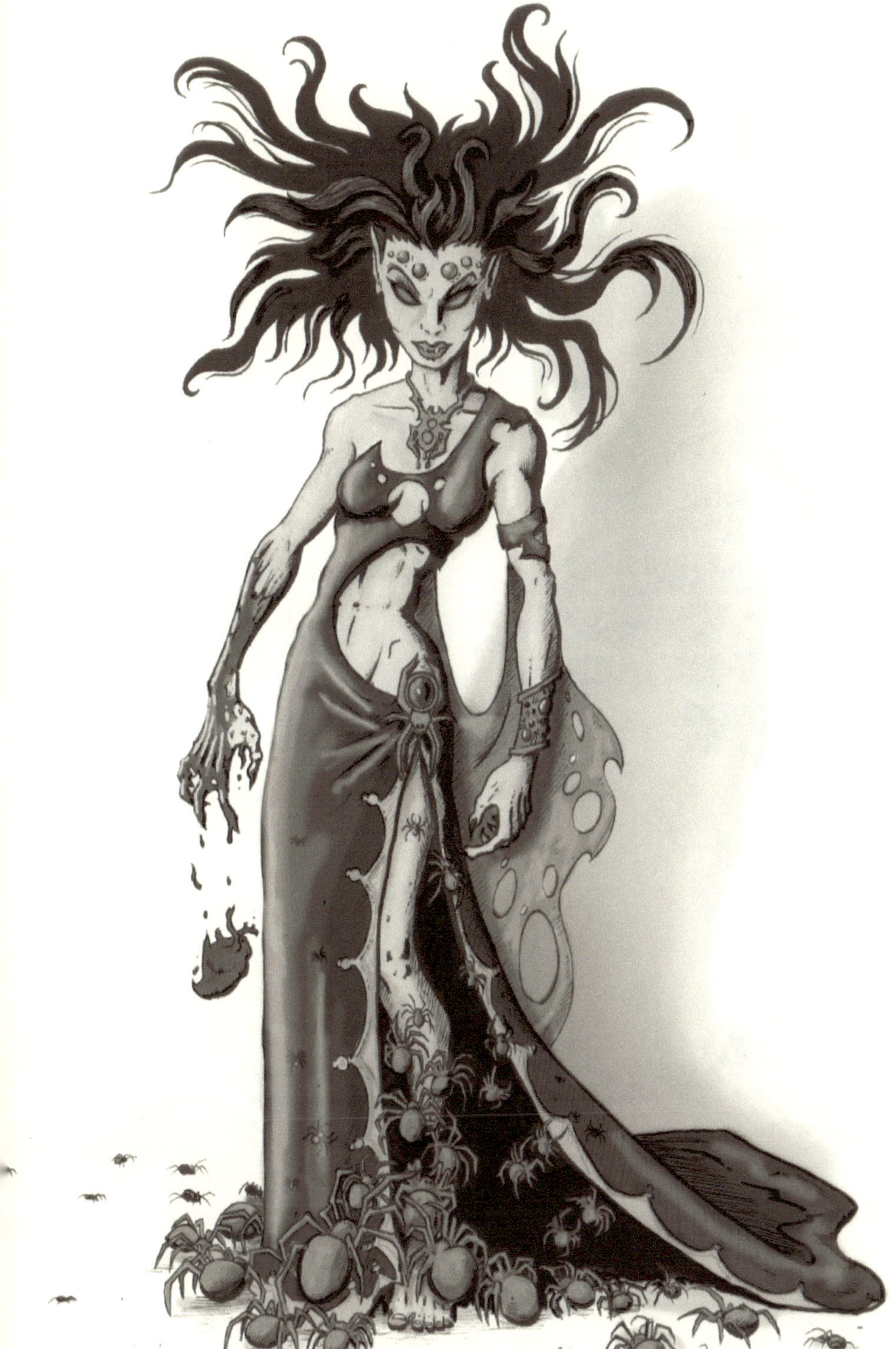

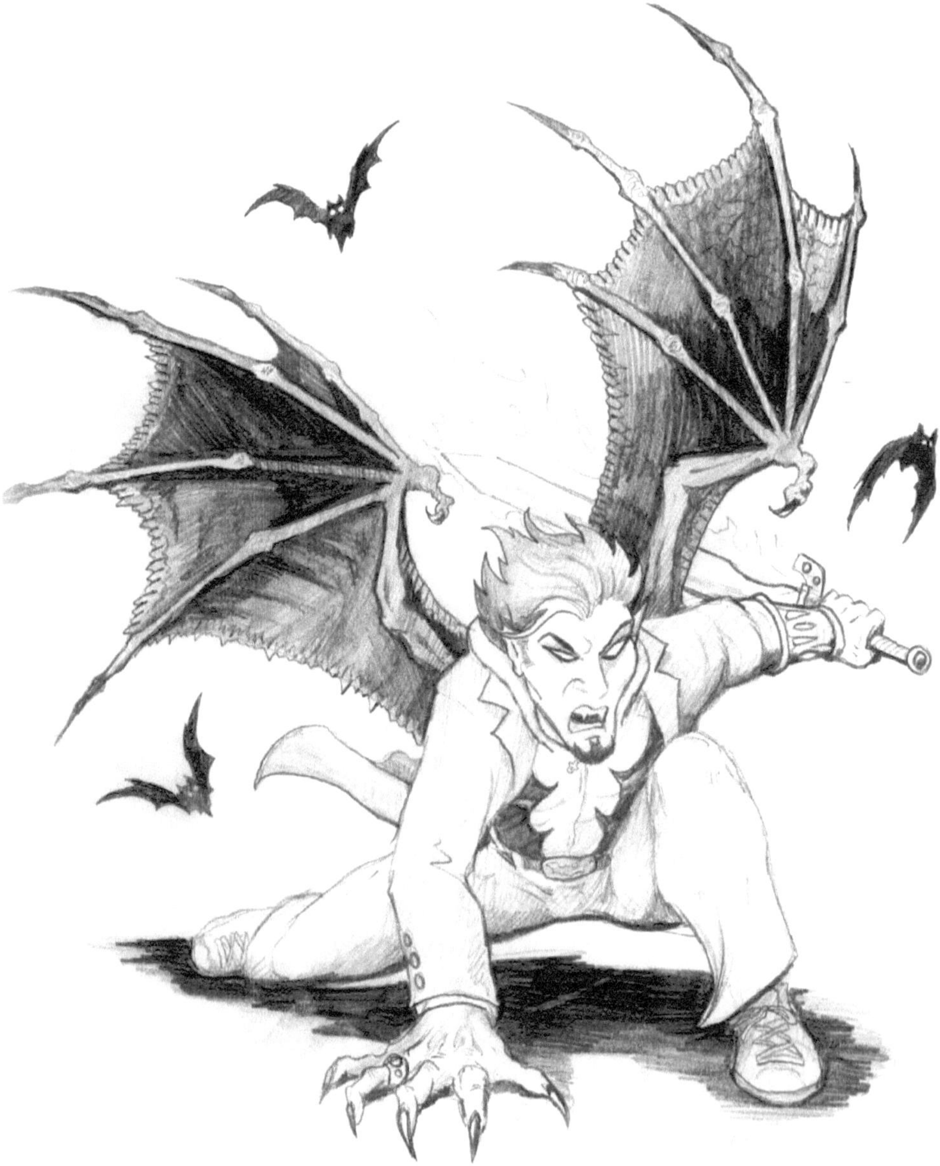

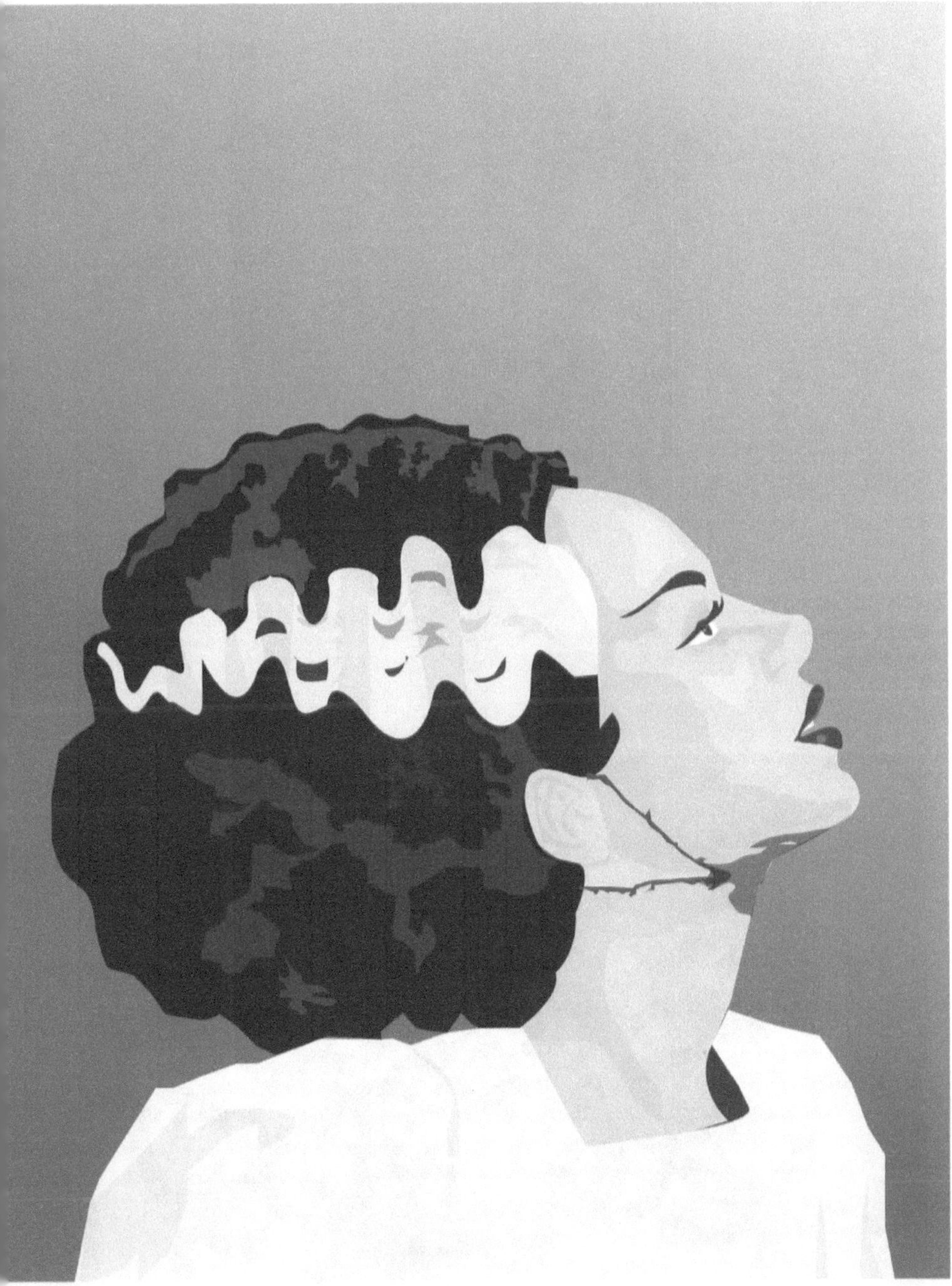

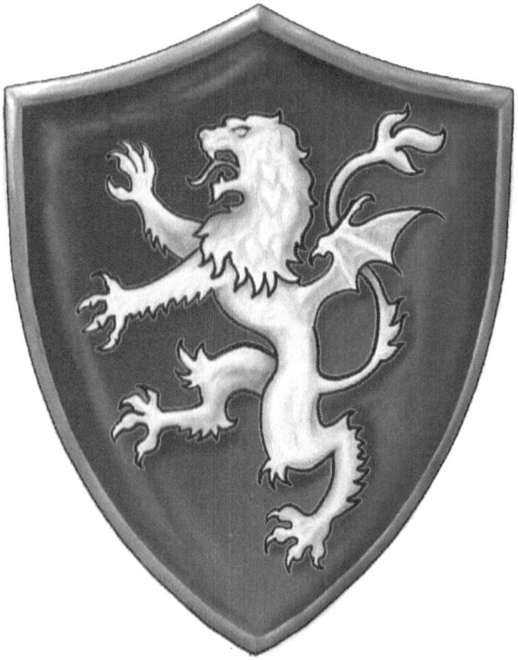

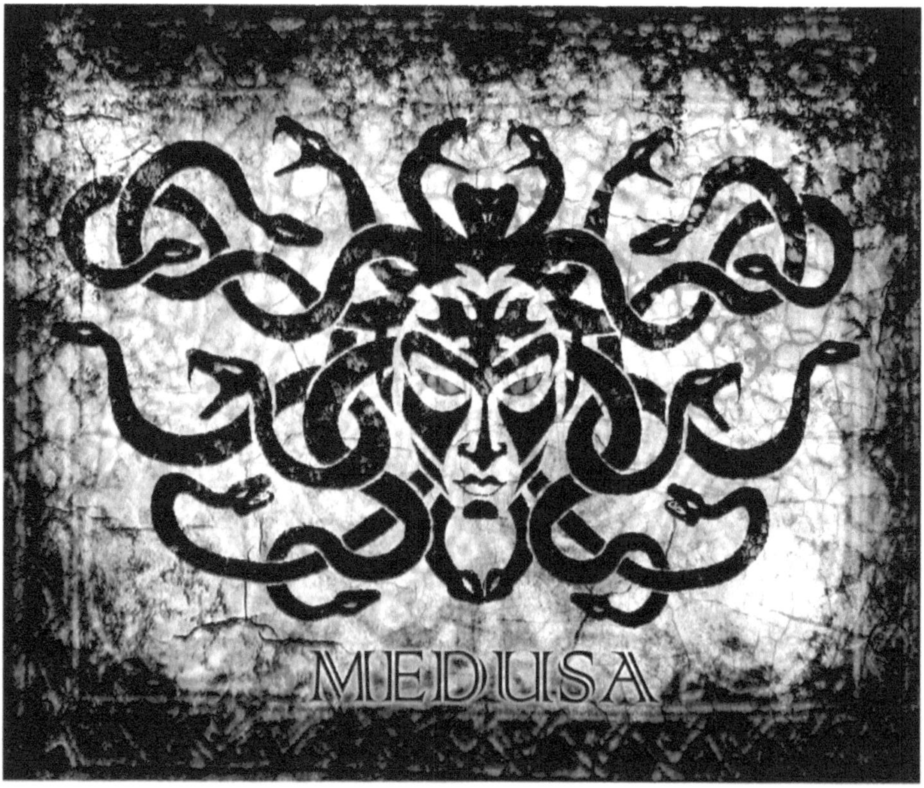
MEDUSA

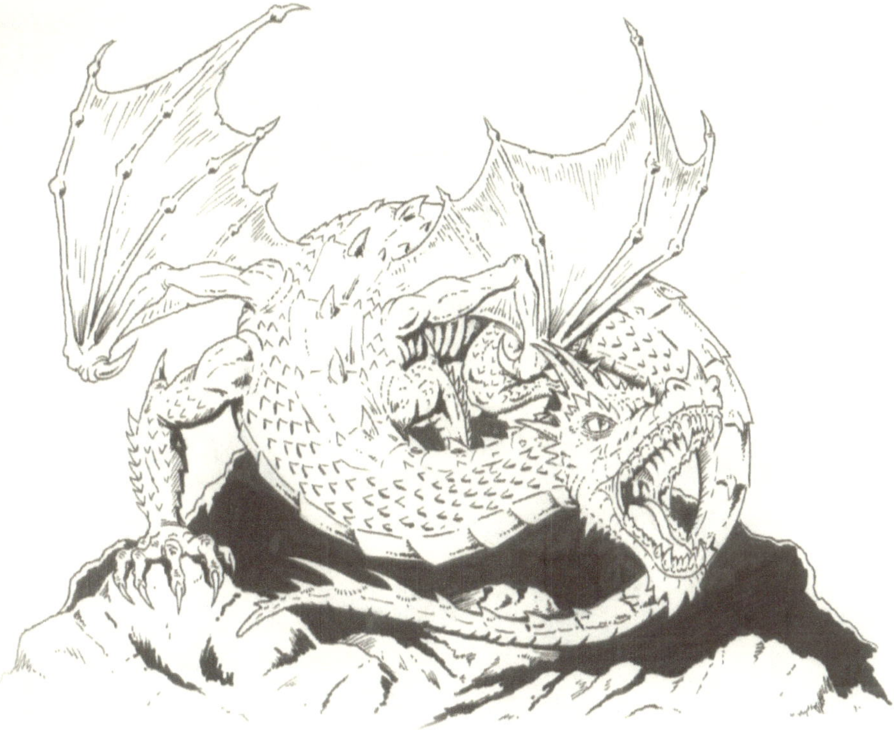

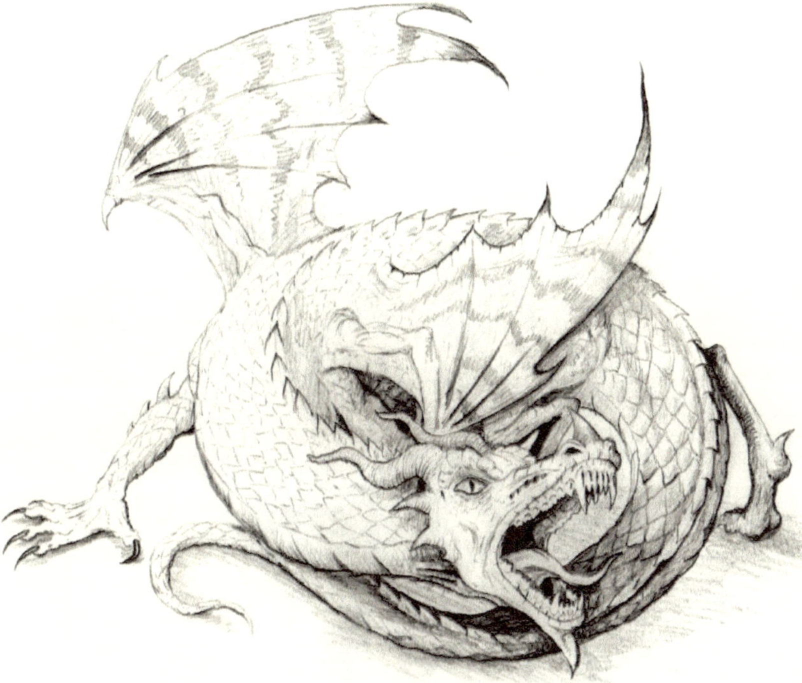

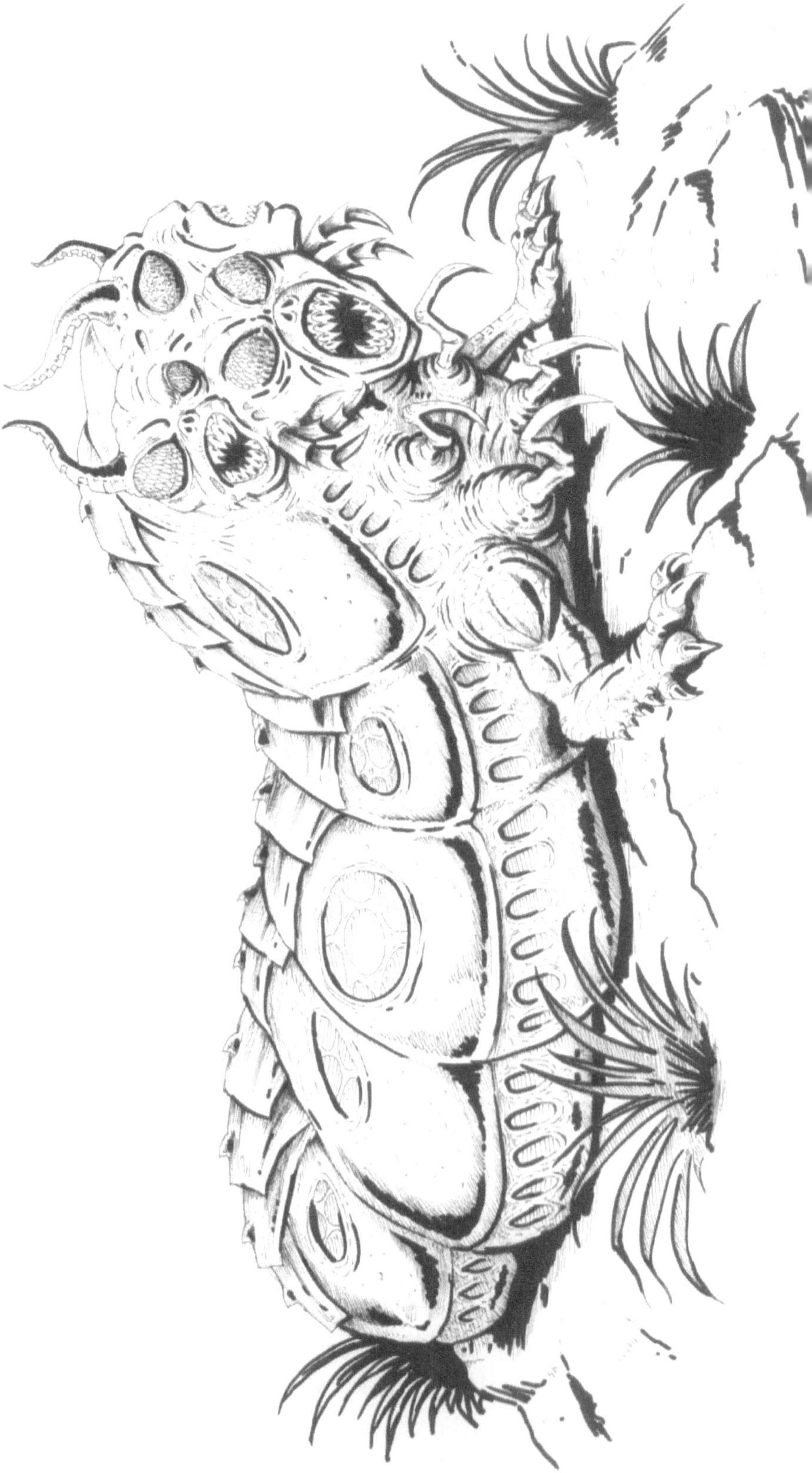

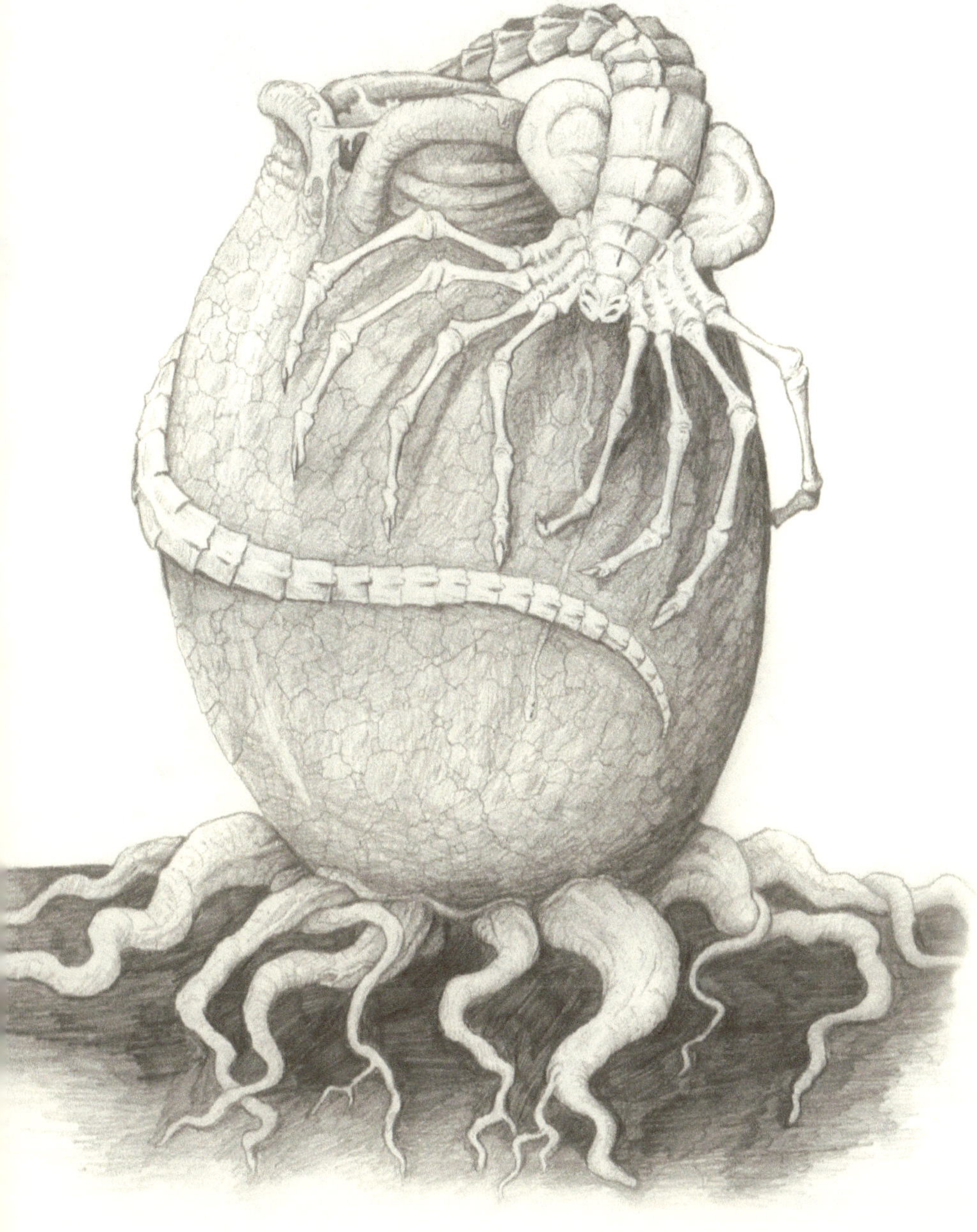

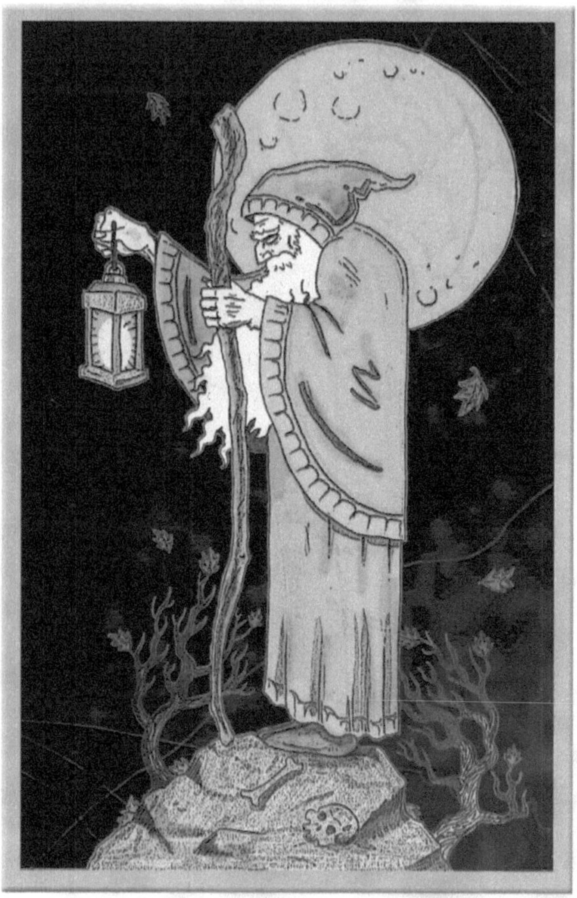

THE HERMIT

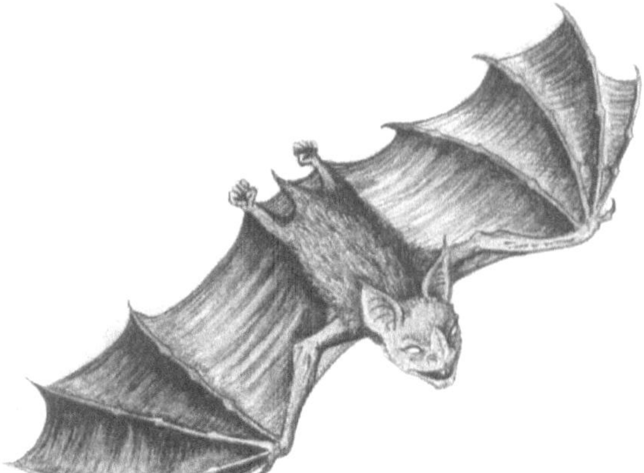

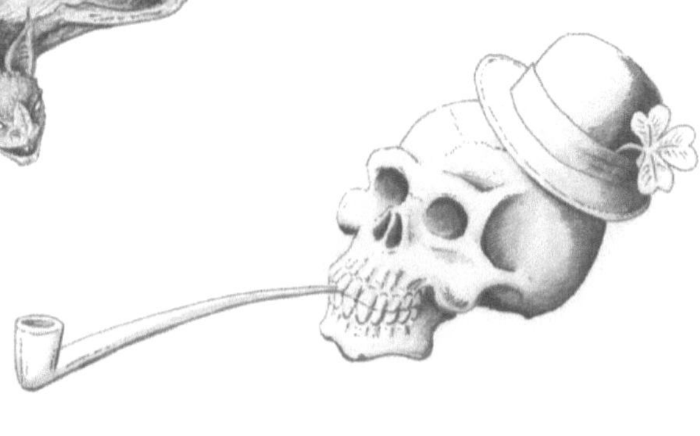

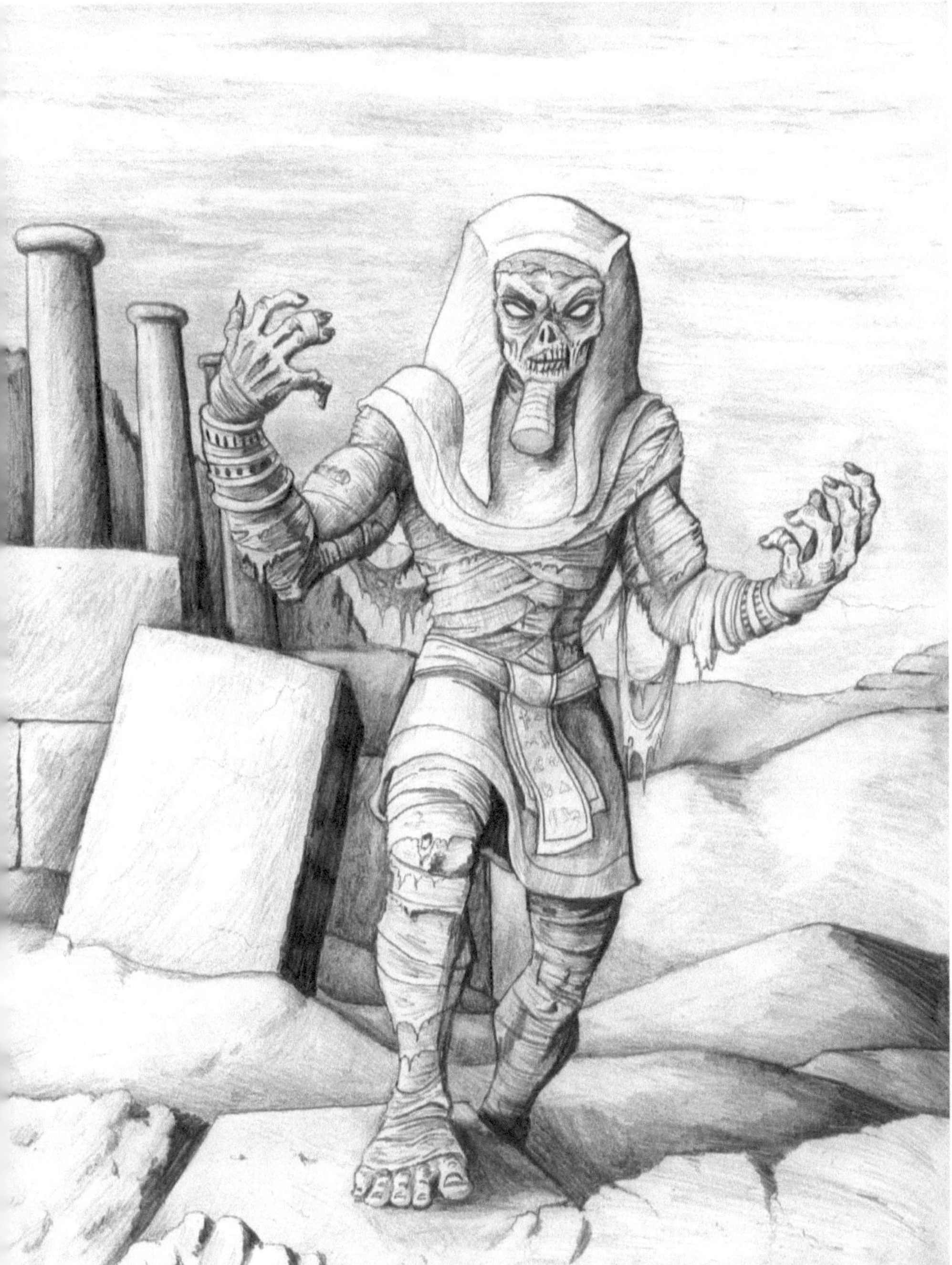

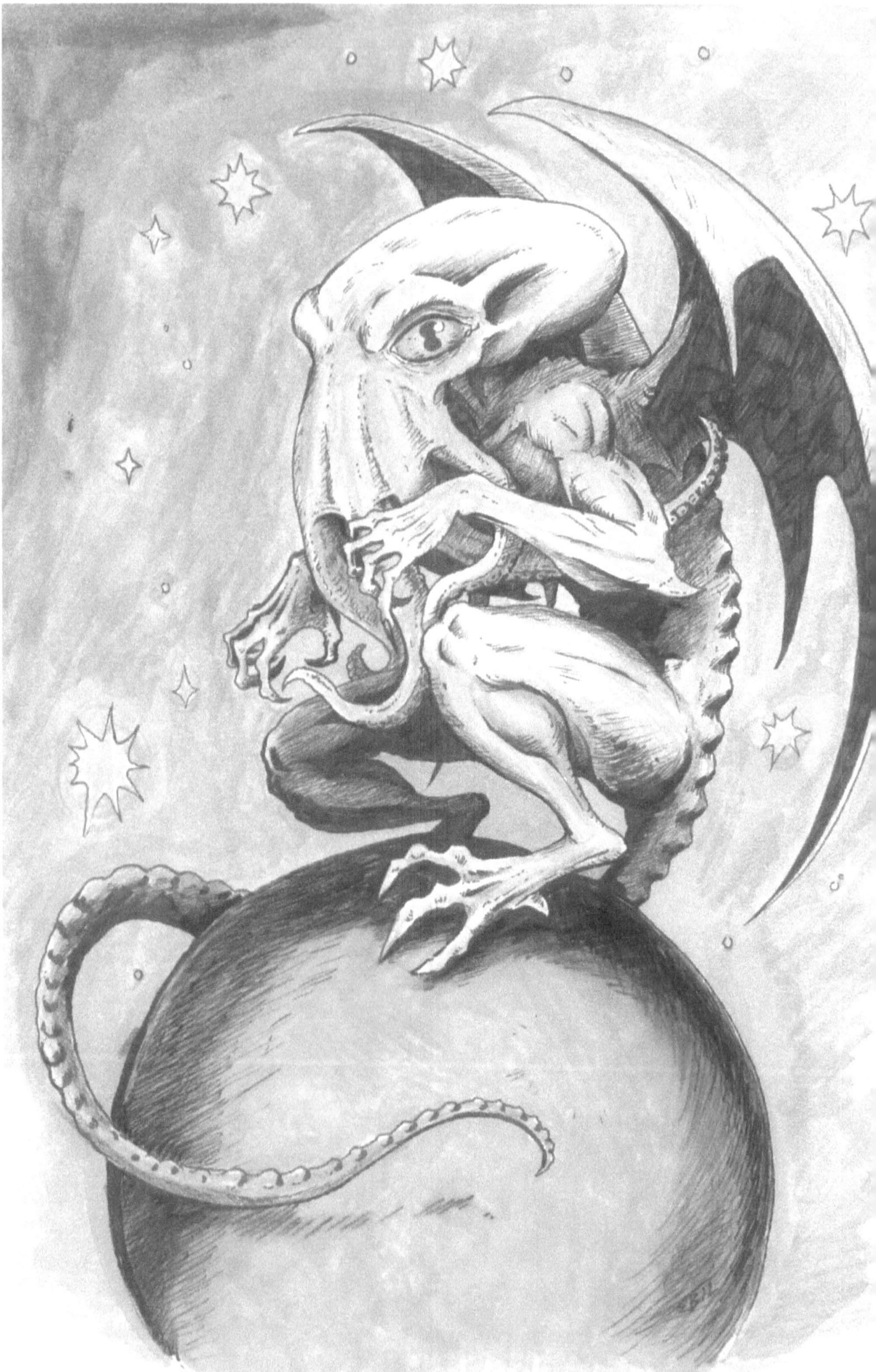

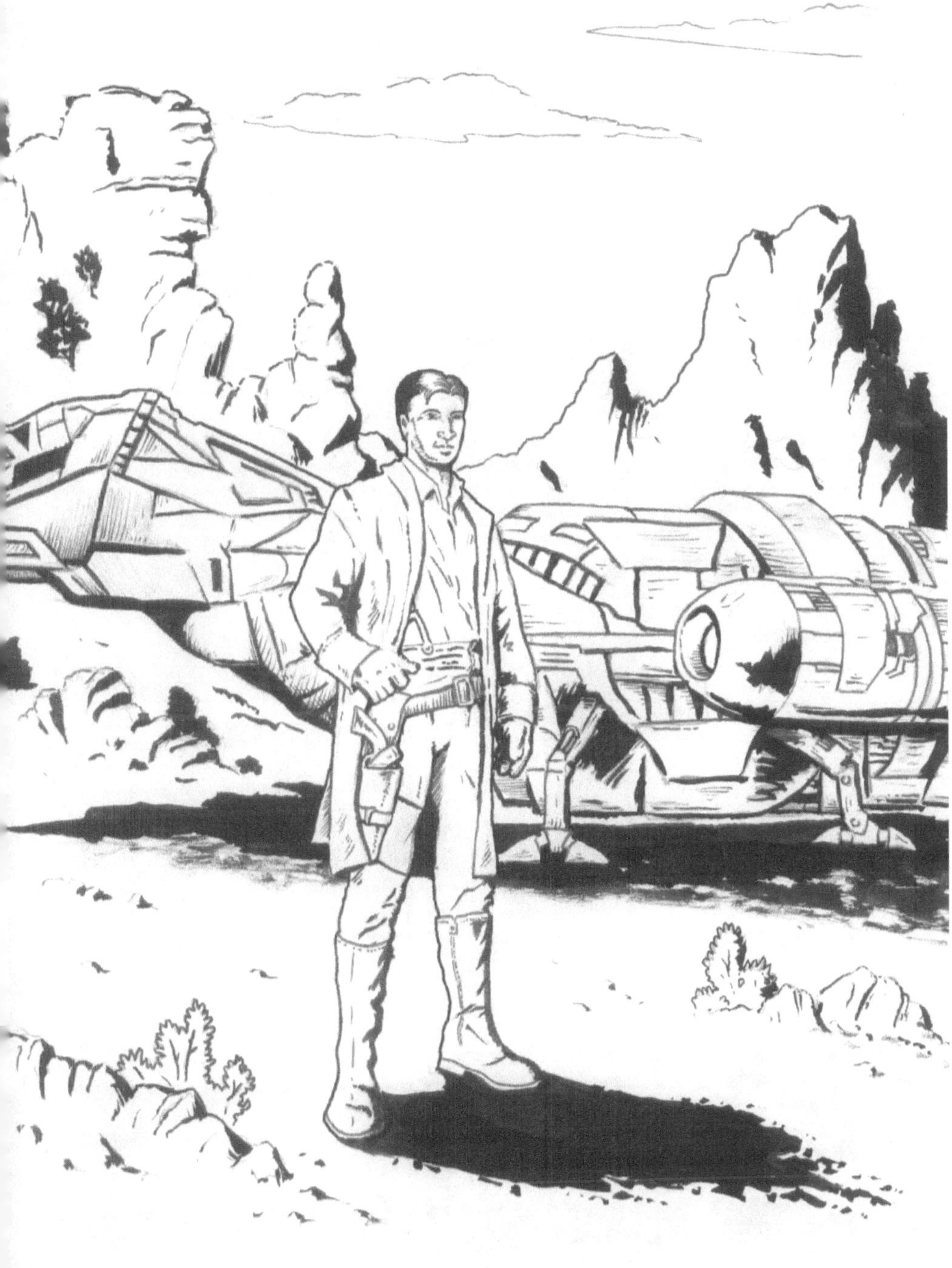

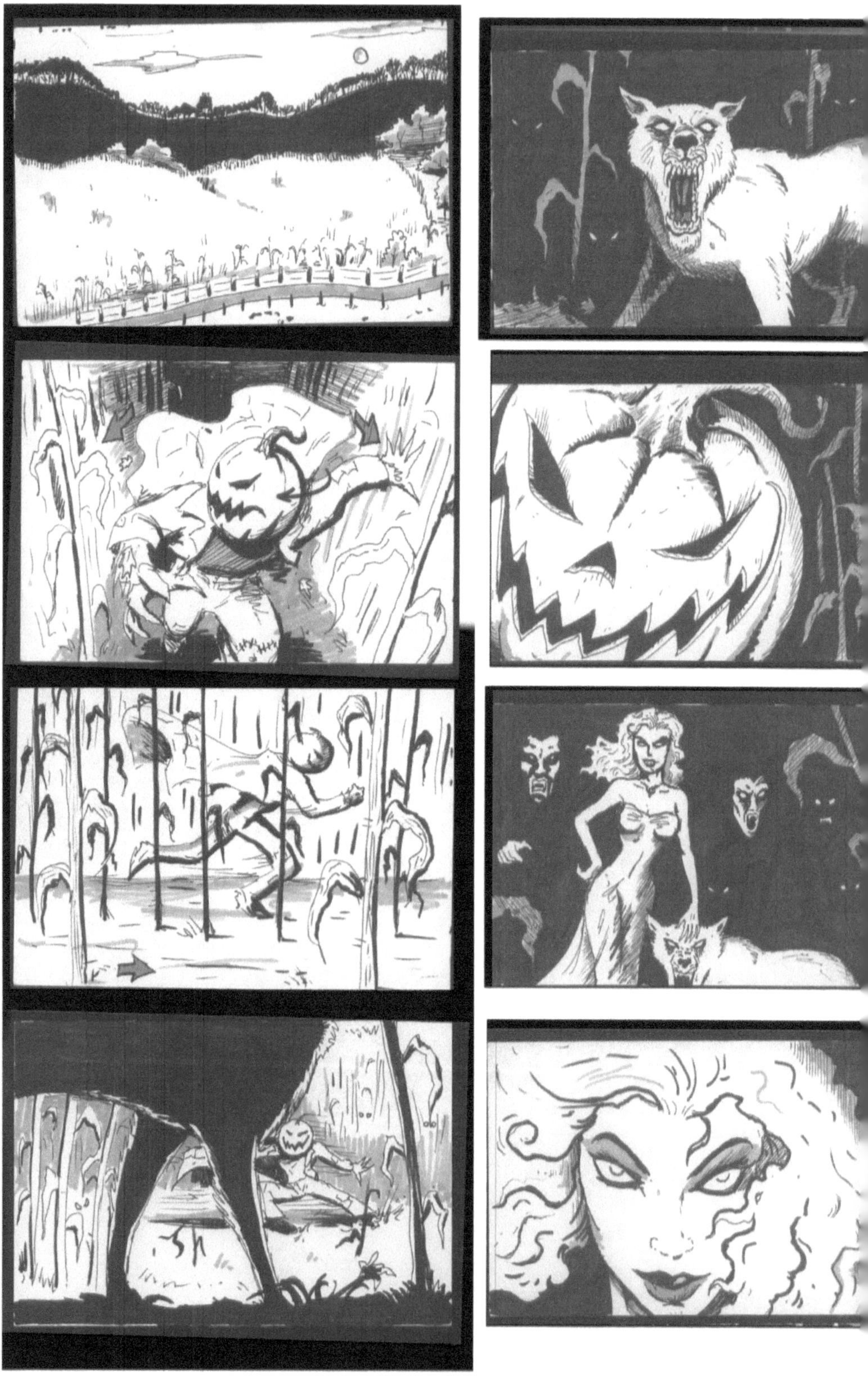

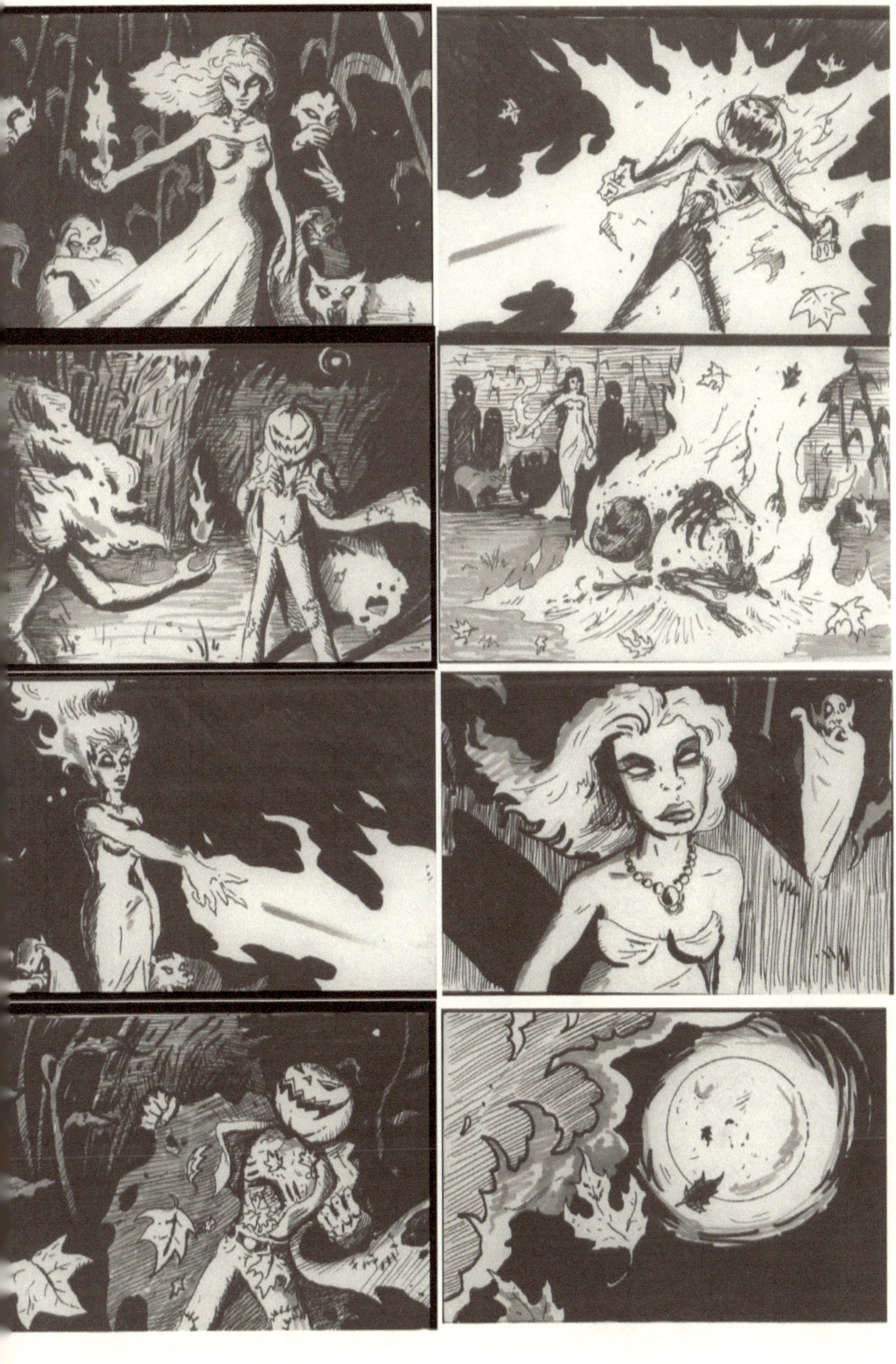

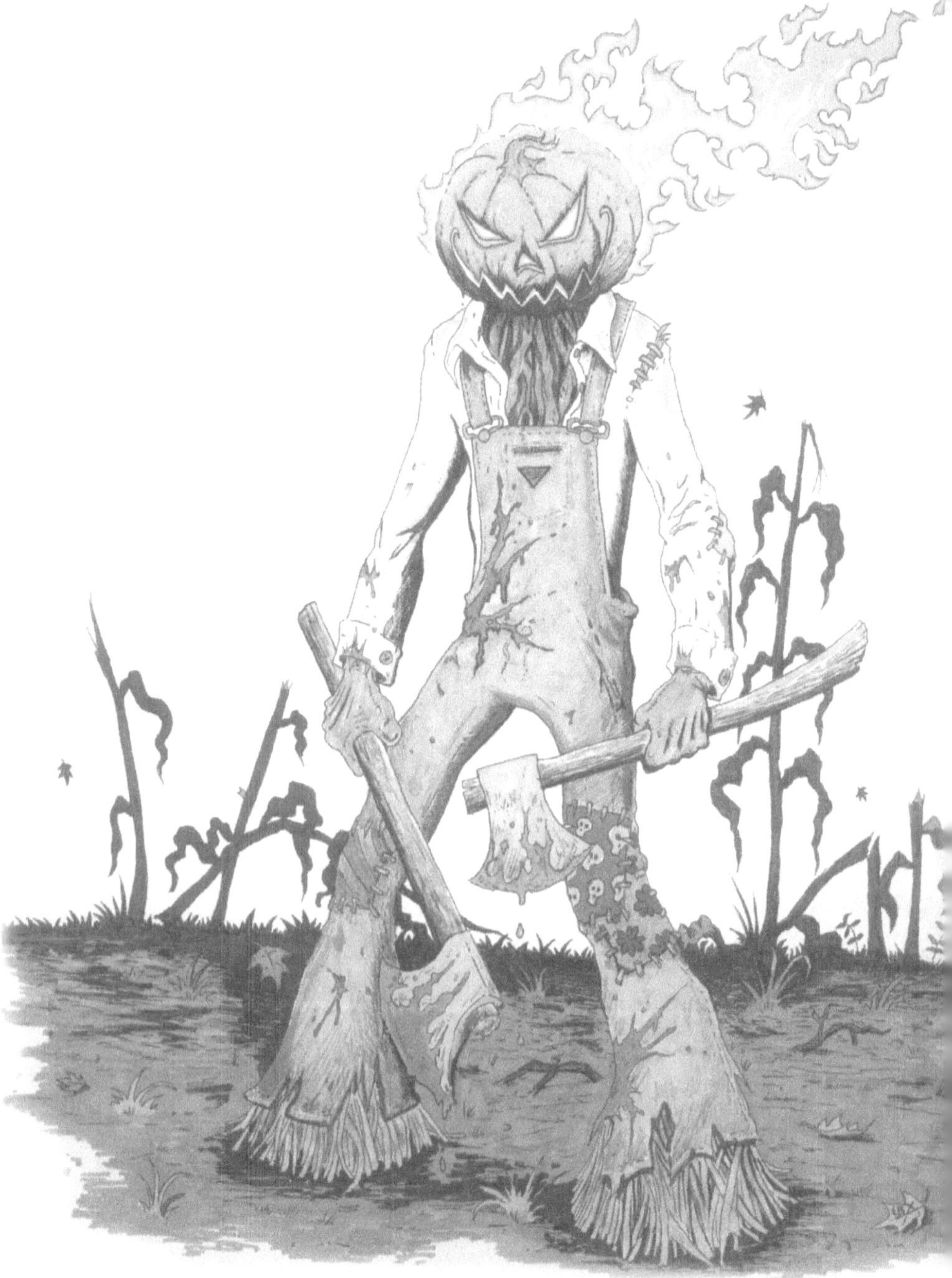

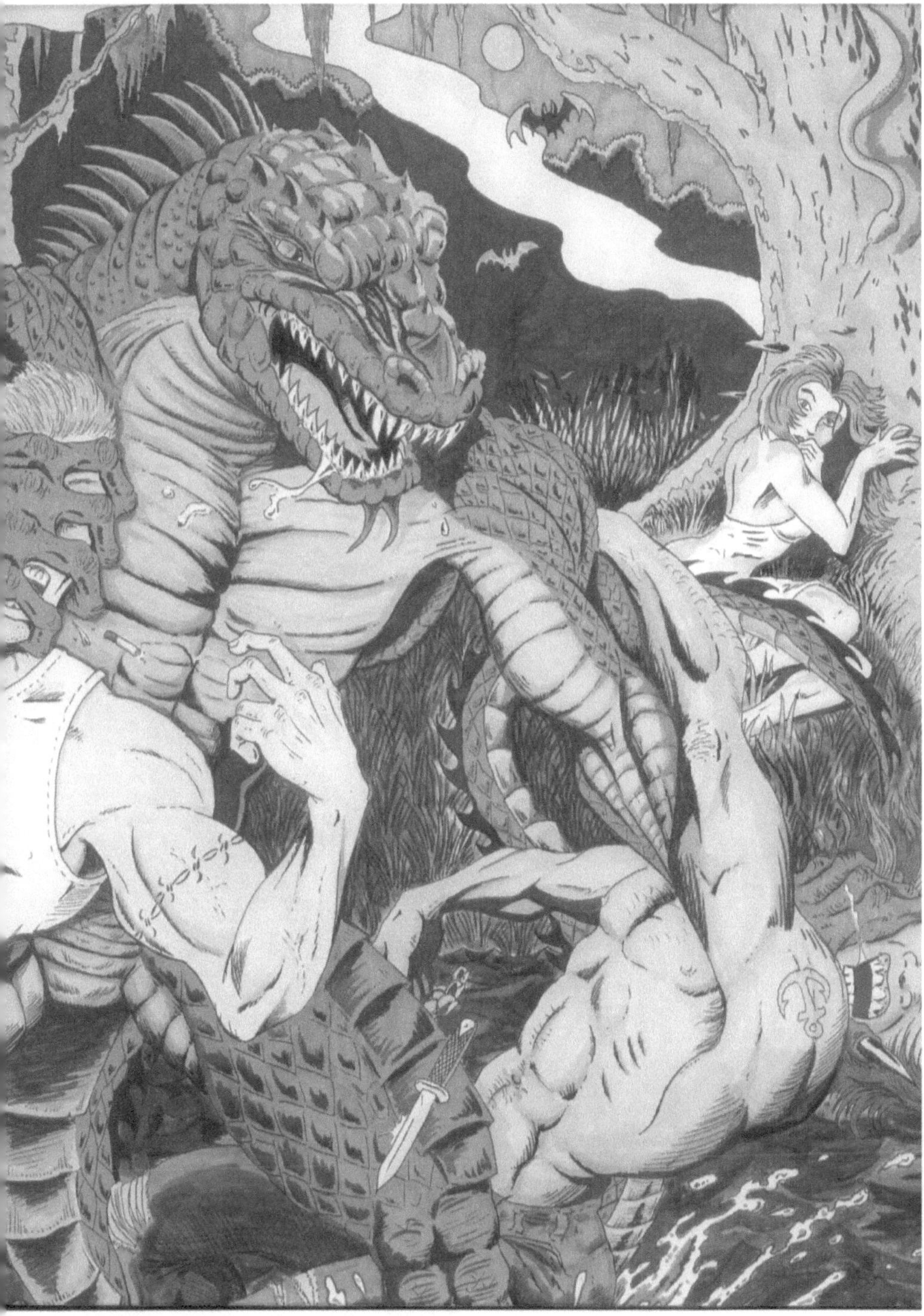

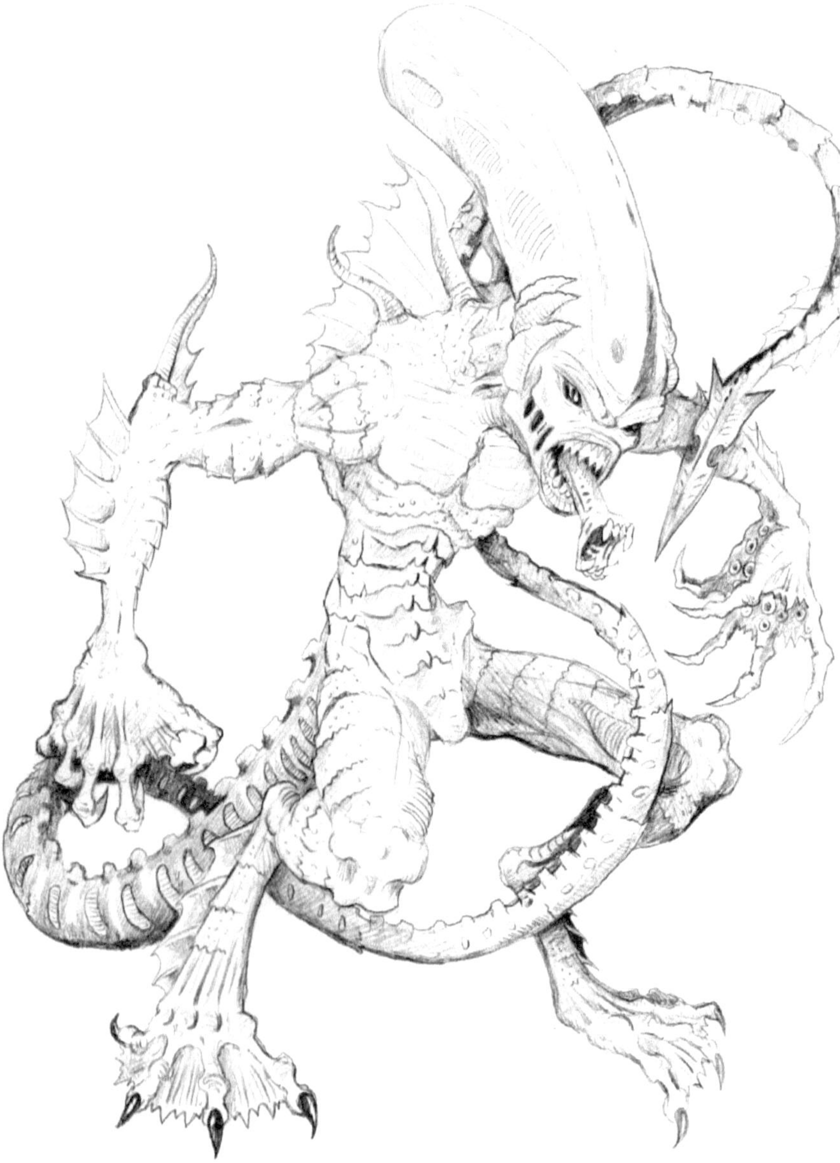

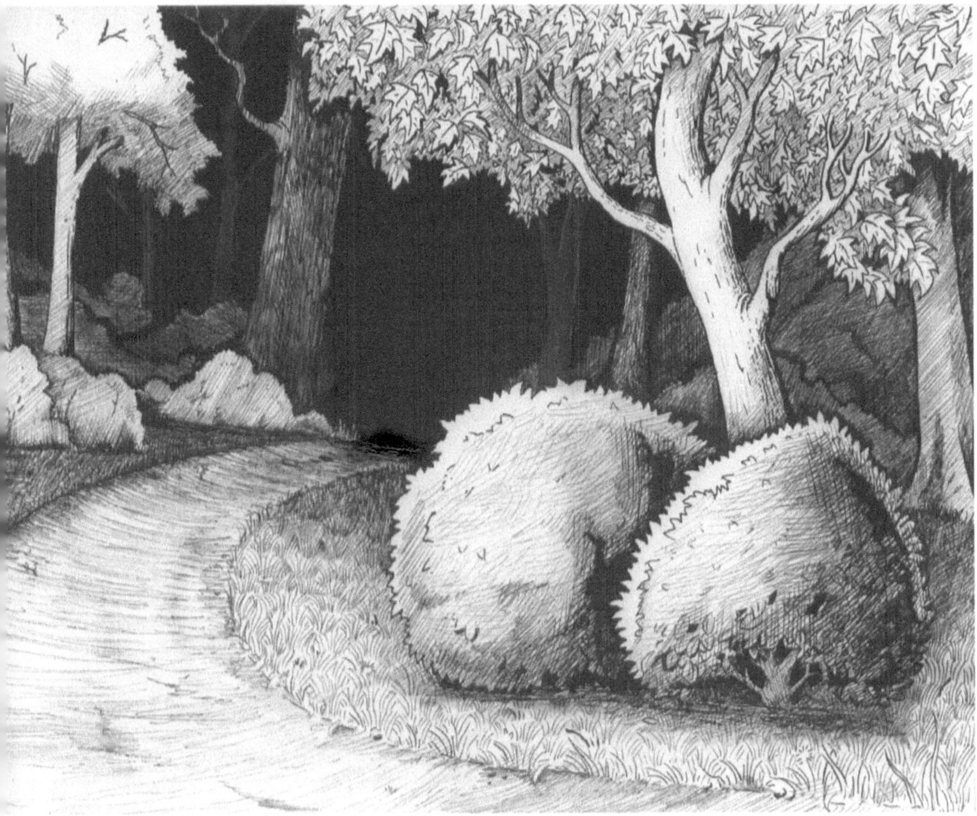

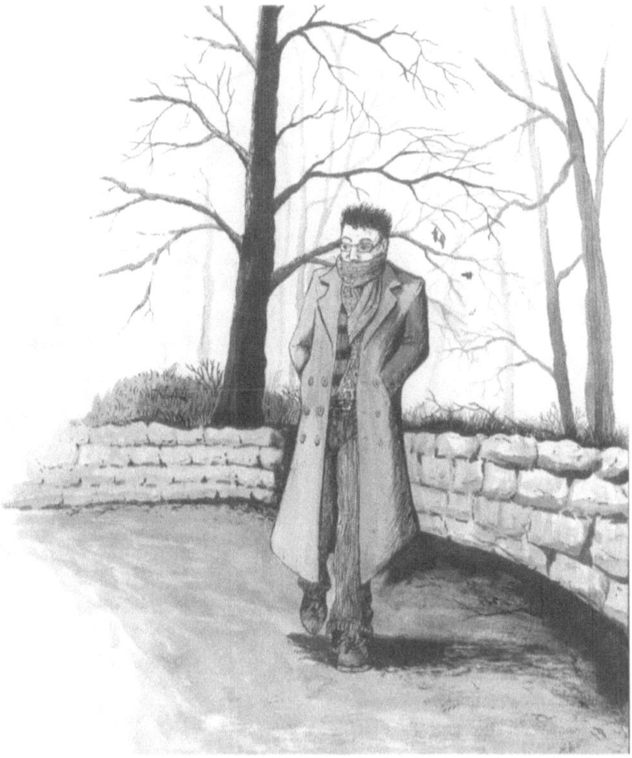

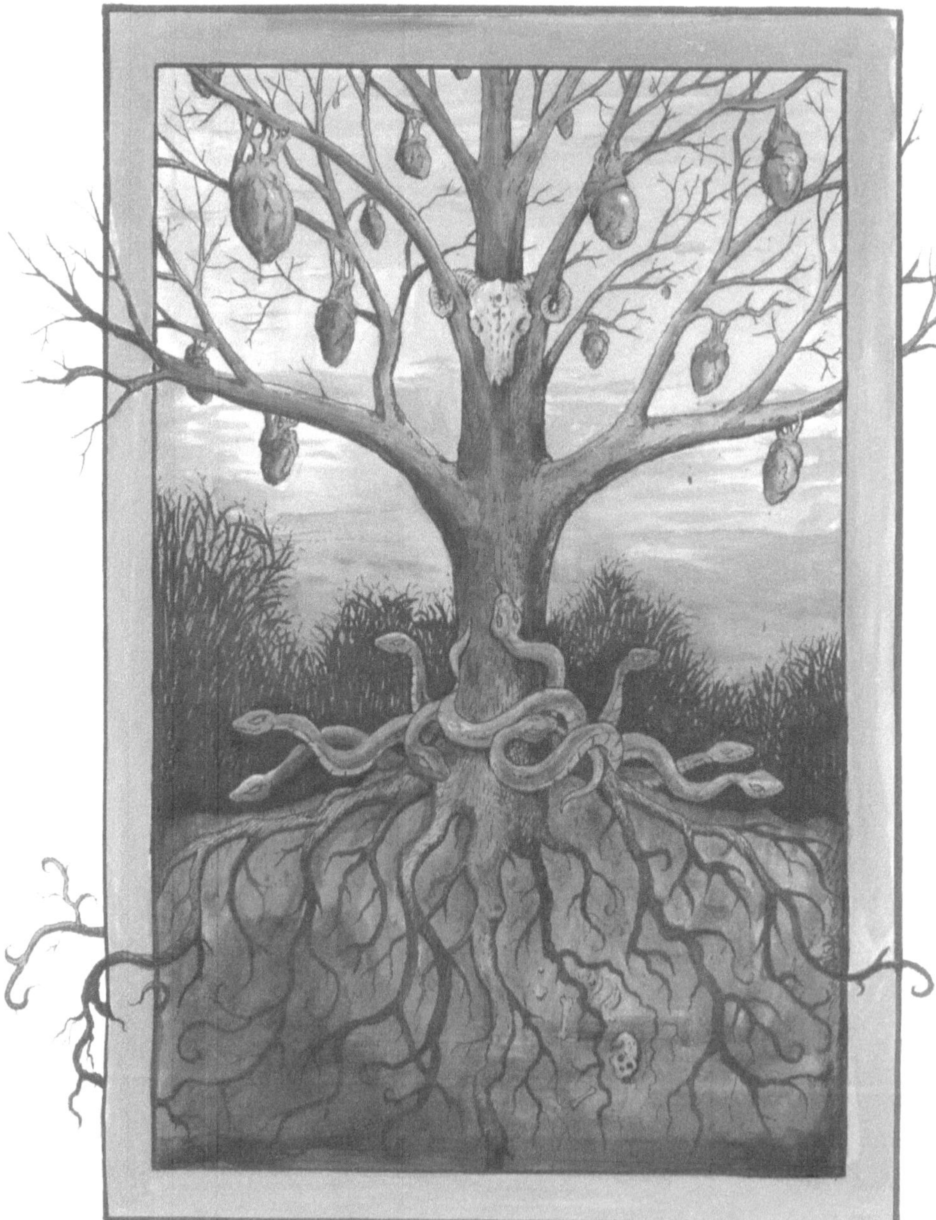

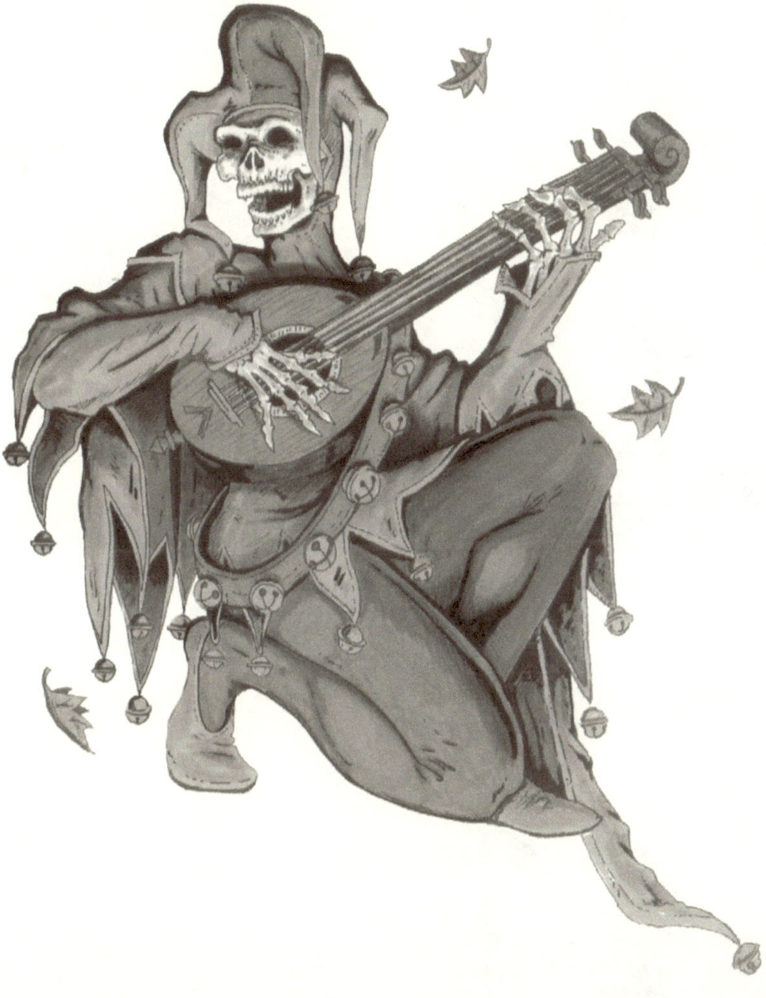

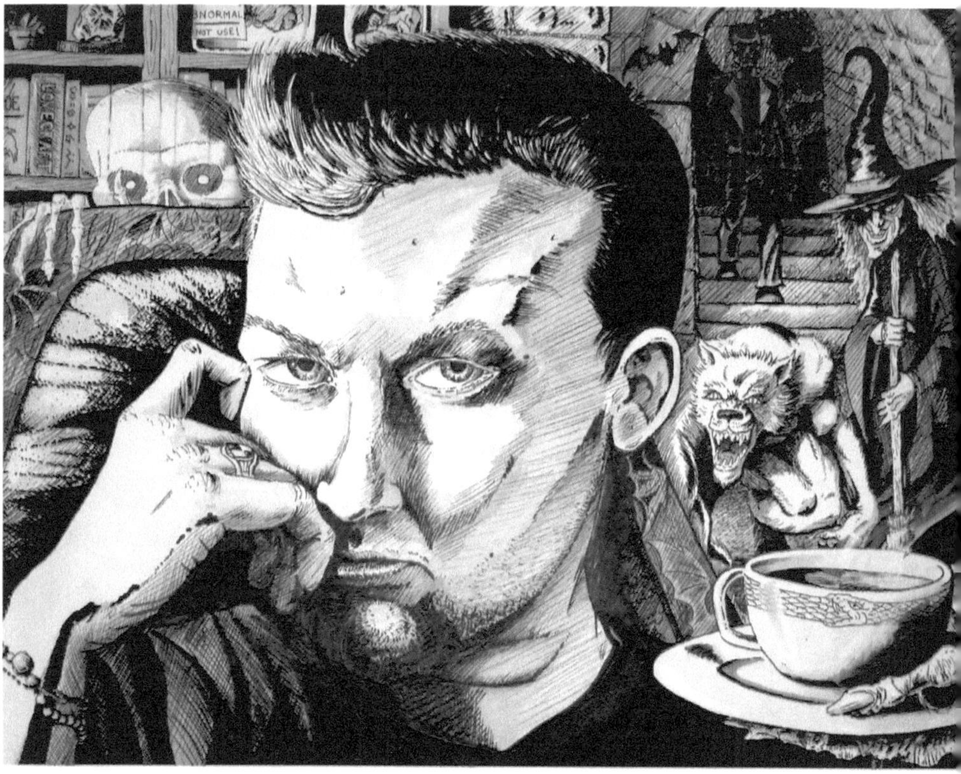

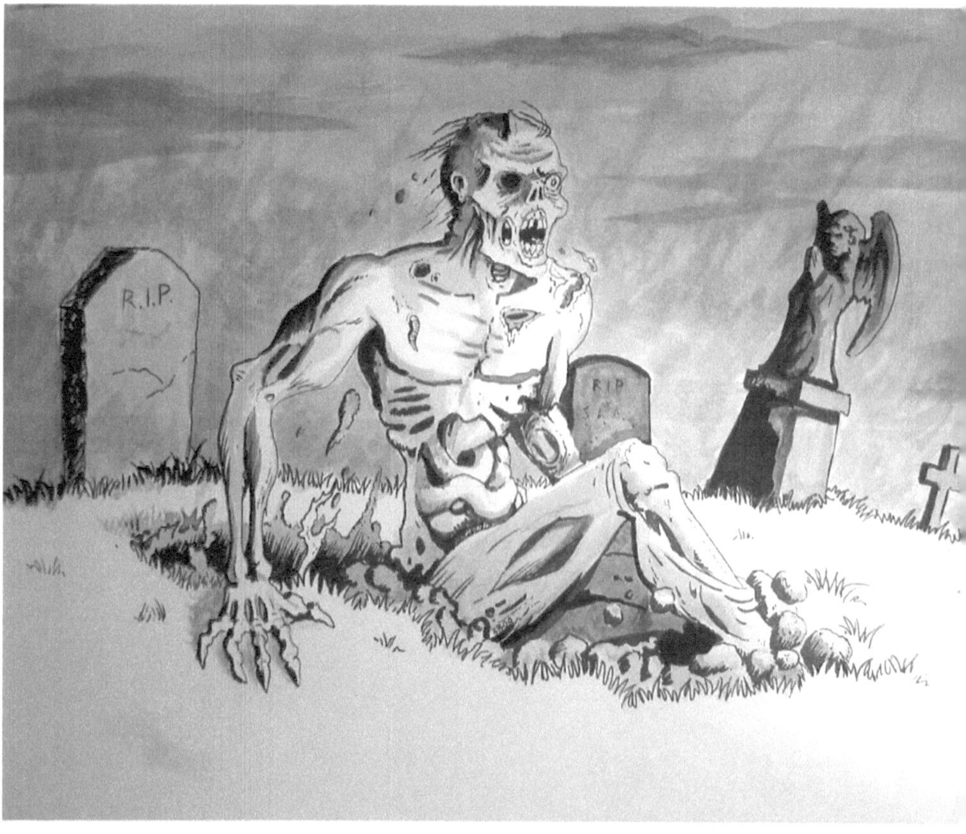
R.I.P.

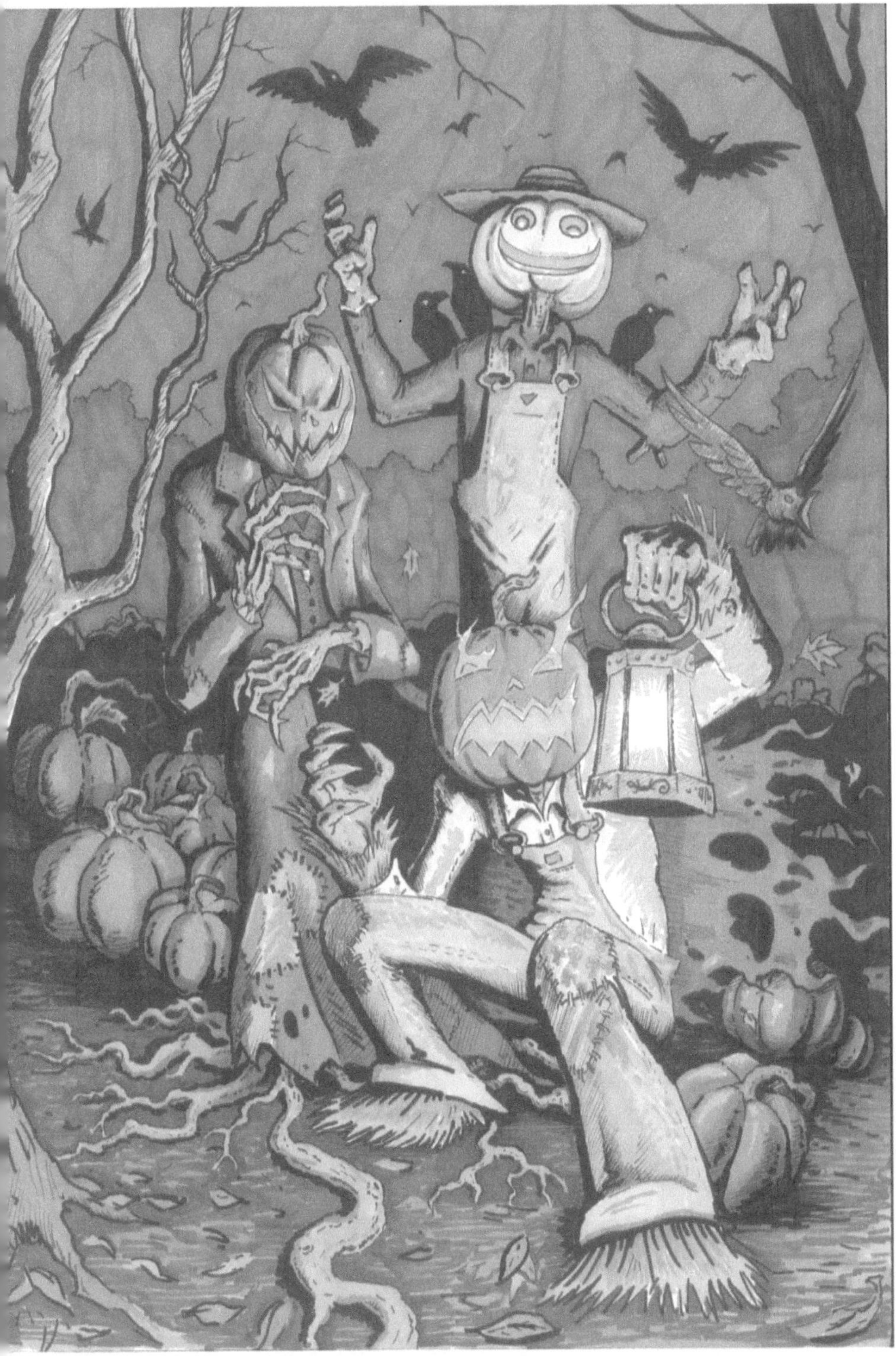

www.ingramcontent.com/pod-product-compliance
Lightning Source LLC
Chambersburg PA
CBHW021851170526
45157CB00006B/2399
9781300789345